TV WESTERNS

WORD SEARCH

Puzzles

TV WESTERN
WORD SEARCHES

[Action in the Afternoon]	[Casey Jones]
[The Adventures of Brisco County Jr]	[Centennial]
[The Adventures of Champion]	[Cheyenne]
[The Adventures of Rin Tin Tin]	[The Chisholms]
[The Adventures of Wild Bill Hick]	[Cimarron City]
[The Alaskans]	[Cimarron Strip]
[Alias Smith and Jones]	[Cowboy GMen]
[The Americans]	[The Cowboys]
[Annie Oakley]	[Custer]
[Barbary Coast]	[Daniel Boone]
[Bat Masterson]	[Dead Mans Gun]
[Best of the West]	[Dead Mans Walk]
[The Big Valley]	[Deadwood]
[Black Saddle]	[Death Valley Days]
[Bonanza]	[Destry]
[Boomtown]	[Dick Powells Zane Grey Theatre]
[Boots and Saddles]	[Dirty Sally]
[Bordertown]	[Dr Quinn Medicine Woman]
[Branded]	[Dundee and the Culhane]
[Brave Eagle]	[Dusty s Trail]
[Bret Maverick]	[Empire]
[Bren Arrow]	[F Troop]
[Bronco]	[Frontier]
[Buckskin]	[Father Murphy]
[Buffalo Bill Jr]	[Four Feather Falls]
[The Californians]	

ACTION IN THE AFTERNOON #1

J	W	M	B	Y	B	I	Q	T	P	Y	W	Z	C	H	O	I	T	G	K
U	X	W	C	H	R	I	S	A	K	E	E	G	A	N	O	J	A	F	Z
M	N	M	L	T	H	B	L	A	K	E	Z	R	I	T	T	E	R	B	M
M	Q	N	U	D	A	A	D	K	Y	R	R	J	P	E	E	S	U	P	A
C	O	M	A	R	Y	T	E	L	A	I	N	E	Z	W	A	T	T	S	L
S	B	M	A	R	V	I	N	Q	S	T	E	P	H	E	N	S	A	U	V
J	F	S	Z	M	N	Z	W	S	P	I	Y	G	J	O	B	W	W	D	D
F	V	V	W	L	Z	V	O	S	A	M	K	K	R	E	S	S	E	N	G
G	U	G	E	T	T	F	I	M	D	Q	B	M	X	F	A	Y	Z	B	A
J	H	P	X	M	O	F	Q	F	J	T	A	A	Q	Z	O	N	Z	Z	S
F	I	A	K	R	Q	X	J	O	H	N	P	Z	A	C	H	E	R	L	E
W	K	C	R	T	O	M	M	Y	N	F	E	R	G	U	S	O	N	B	U
H	L	E	X	N	Q	O	H	G	L	E	F	U	T	A	T	D	I	Q	P
N	S	L	W	U	H	J	A	C	K	R	V	A	L	E	N	T	I	N	E
T	T	F	O	B	A	R	R	Y	D	C	A	S	S	E	L	L	S	C	L
U	V	E	Y	A	F	L	Y	G	D	R	K	W	E	O	P	V	G	A	K
Z	C	Z	G	I	L	B	E	R	T	K	T	H	O	M	P	S	O	N	E
K	C	R	E	I	G	H	T	O	N	R	S	T	E	W	A	R	T	L	V
W	A	L	T	Q	B	A	R	N	E	S	B	F	A	U	T	U	N	J	B
G	D	A	V	I	D	M	S	O	R	E	N	U	L	H	D	O	H	A	B

BARRY CASSELL
CREIGHTON STEWART
HARRISS FORREST
MARVIN STEPHENS
SAM KRESSEN
BLAKE RITTER
DAVID SOREN
JACK VALENTINE
MARY ELAINE WATTS
TOMMY FERGUSON
CHRIS KEEGAN
GILBERT THOMPSON
JOHN ZACHERLE
NORMAN GARFIELD
WALT BARNES

THE ADVENTURES OF BRISCO COUNTY JR #1

F	G	T	T	M	X	O	Y	L	C	U	Y	T	S	S	E	D	G	N	C
Q	K	E	R	G	A	R	Y	Y	H	U	D	S	O	N	B	N	M	X	P
S	F	J	O	H	N	R	W	A	L	C	U	T	T	S	K	S	P	G	D
Z	O	T	O	J	D	A	V	I	D	G	Y	O	U	S	E	C	X	K	W
Y	U	E	O	B	E	O	X	K	J	L	U	U	Q	W	L	E	J	I	N
H	F	R	B	N	R	A	Y	F	O	R	D	Z	B	A	R	N	E	S	E
B	U	Q	Z	O	M	K	G	M	H	Q	S	G	W	K	B	F	S	H	Z
O	Z	L	Y	H	B	V	D	K	N	Z	B	X	O	E	S	G	S	U	C
Z	P	E	G	R	E	L	H	Y	L	R	J	I	H	C	W	I	I	B	Y
Z	O	E	M	H	R	W	X	T	A	I	T	J	R	W	S	O	C	Y	V
K	N	P	L	D	K	M	T	X	S	C	R	Y	M	I	J	O	A	W	I
A	E	E	E	C	E	E	V	U	T	H	U	D	A	N	M	F	A	N	D
A	N	R	B	Q	L	E	W	R	I	A	J	G	D	E	T	M	T	S	H
W	N	M	H	B	E	T	P	R	N	R	O	O	T	G	W	Y	U	H	H
S	T	E	R	R	Y	V	B	R	A	D	S	H	A	W	J	U	C	Z	L
V	Q	Y	P	O	P	E	T	E	R	P	D	E	N	N	I	S	K	J	L
L	I	E	L	I	Z	A	B	E	T	H	J	B	A	R	O	N	D	E	S
I	X	Z	K	M	X	I	L	C	Y	E	L	Y	G	P	O	U	G	E	T
F	A	H	K	Y	Z	H	X	C	A	R	L	T	O	N	M	C	U	S	E
T	O	H	X	V	Y	D	R	L	I	D	E	A	M	V	S	A	G	Q	E

CARLTON CUSE
COMET
DAVID YOUSE
ELIZABETH BARONDES
ELY POUGET
GARY HUDSON
JESSICA TUCK
JOHN ASTIN
JOHN WALCUTT
PETER DENNIS
RAYFORD BARNES
RICHARD HERD
R LEE ERMEY
TERRY BRADSHAW
XANDER BERKELEY

THE ADVENTURES OF CHAMPION #1

P	U	Q	B	Y	L	I	B	T	M	F	A	B	Q	B	A	W	S	X	R
X	X	D	C	N	L	B	V	K	J	O	H	N	O	C	A	S	O	N	Z
F	Z	L	W	W	T	R	Q	U	N	L	N	N	M	G	P	T	H	V	P
K	I	L	D	G	L	E	N	N	L	S	T	R	A	N	G	E	Y	N	D
L	R	U	E	W	W	G	G	J	E	W	Y	Y	N	S	I	V	J	I	V
R	G	X	B	W	D	V	Q	U	C	M	A	A	M	W	V	E	O	G	J
O	M	Y	B	M	U	A	O	M	Y	E	A	E	A	G	U	R	H	H	F
Y	H	V	Y	Z	E	K	A	Y	J	F	O	X	K	P	S	C	N	C	Z
N	G	T	N	A	O	H	C	R	Q	Y	K	T	U	K	K	O	O	H	Z
B	A	R	R	Y	A	C	U	R	T	I	S	O	Z	U	B	N	P	R	J
A	L	A	R	R	Y	R	H	U	D	S	O	N	F	Y	X	T	A	I	U
R	M	A	R	Y	K	J	A	N	E	F	S	A	U	N	D	E	R	S	A
C	Q	W	Z	A	T	I	C	R	R	K	J	R	M	F	X	B	R	O	V
R	L	Z	K	E	I	T	H	N	R	I	C	H	A	R	D	S	I	A	T
O	F	J	O	W	I	L	L	I	A	M	O	P	H	I	P	P	S	L	J
F	R	A	N	K	T	M	A	T	T	S	W	R	R	F	V	H	H	C	X
T	C	V	X	M	M	U	D	Z	C	W	V	R	E	T	L	W	V	A	X
M	W	E	D	X	C	M	H	V	S	P	P	E	Y	N	V	G	K	I	X
A	G	R	N	K	K	L	A	N	E	U	B	R	A	D	F	O	R	D	J
H	L	I	A	N	N	N	J	Q	S	H	E	B	O	W	O	O	L	E	Y

BARRY CURTIS
FRANK MATTS
JOHN PARRISH
LARRY HUDSON
SHEB WOOLEY

BLAZE
GLENN STRANGE
KEITH RICHARDS
MARY JANE SAUNDERS
STEVE CONTE

CHRIS ALCAIDE
JOHN CASON
LANE BRADFORD
ROY BARCROFT
WILLIAM PHIPPS

THE ADVENTURES OF RIN TIN TIN #1

M	P	T	O	K	U	V	C	E	K	S	I	M	J	D	Z	S	E	M	P
M	C	E	F	L	O	N	F	S	P	C	X	X	Y	C	G	Y	Q	G	R
S	G	V	Z	A	W	Y	F	F	G	G	Y	V	V	X	H	B	Q	U	H
V	D	N	G	J	D	N	Y	X	E	R	O	D	W	D	A	Y	G	R	Y
O	Z	Q	J	Q	X	E	F	R	J	O	Y	W	F	E	O	R	X	B	W
S	I	J	A	P	Q	O	I	U	J	C	O	C	Z	I	F	R	Z	P	C
W	I	R	N	L	M	F	S	Q	T	A	X	L	M	F	E	I	S	G	B
K	F	N	T	G	J	K	Y	C	F	O	V	U	Z	E	F	F	M	T	Z
G	H	Q	A	T	Z	P	A	U	L	D	S	O	R	E	N	S	E	N	N
P	I	K	R	O	B	E	R	T	P	E	A	S	T	O	N	K	L	B	O
Y	P	F	V	M	B	R	I	N	B	T	I	N	E	T	I	N	W	I	I
E	Y	S	A	J	A	C	K	A	E	L	A	M	W	W	U	Z	Q	L	T
U	A	I	N	B	A	Y	N	E	S	C	B	A	R	R	O	N	B	L	G
U	G	O	B	O	B	G	O	C	N	E	I	L	F	Q	H	S	G	Z	P
S	J	X	I	J	O	H	N	M	D	I	E	R	K	E	S	Z	J	H	N
Y	N	K	F	J	O	E	O	T	U	R	K	E	L	S	R	O	V	A	A
W	K	L	T	B	I	L	L	Y	A	G	R	I	F	F	I	T	H	L	Q
K	R	O	B	E	R	T	R	L	O	W	E	R	Y	H	Q	X	G	E	B
H	J	S	O	Q	D	O	Y	L	E	K	B	R	O	O	K	S	M	W	W
C	X	O	J	O	H	N	K	P	I	C	K	A	R	D	U	G	K	H	O

BAYNES BARRON
BOB O NEIL
JAN ARVAN
JOHN PICKARD
RIN TIN TIN II
BILLY GRIFFITH
DOYLE BROOKS
JOE TURKEL
PAUL SORENSEN
ROBERT EASTON
BILL HALE
JACK ELAM
JOHN DIERKES
PERCY HELTON
ROBERT LOWERY

THE ADVENTURES OF WILD BILL HICKOK #1

J	W	F	S	V	D	N	Y	V	E	V	D	O	A	L	T	V	W	J	P
Q	D	V	I	T	T	D	M	B	W	L	V	H	X	P	M	O	X	Z	A
A	E	Z	W	F	C	Q	O	T	I	C	B	N	Q	W	O	L	Z	H	R
X	T	J	T	D	B	D	W	V	E	T	Z	L	Z	I	C	U	P	V	K
H	N	V	M	F	O	A	L	J	S	A	M	Z	F	L	I	N	T	N	E
O	Y	C	I	R	B	V	I	W	F	B	V	W	M	L	R	P	T	H	K
C	C	Y	Q	A	B	I	L	E	O	J	H	N	A	I	Q	S	F	R	M
V	L	K	L	N	Y	D	L	D	R	A	B	V	Y	A	A	L	D	Z	A
F	N	R	W	K	O	M	I	M	L	C	R	E	L	M	H	O	A	J	C
U	M	S	U	Z	J	S	A	U	E	K	U	D	A	Y	X	J	D	G	G
W	A	U	W	J	O	H	N	N	Y	H	C	A	R	P	E	N	T	E	R
C	I	F	S	S	R	A	S	D	X	R	E	C	R	U	T	L	O	B	E
V	J	G	S	S	D	R	B	H	L	E	S	A	Y	L	J	I	M	Q	G
Z	Q	M	Q	C	A	P	R	C	I	Y	E	N	E	L	Z	C	F	W	O
X	G	N	H	A	N	E	O	O	N	N	D	N	C	E	V	X	N	O	R
J	Y	V	F	N	R	I	N	B	D	O	W	Q	H	N	X	Z	E	R	Z
S	W	E	J	N	O	T	S	B	G	L	A	B	A	R	I	M	A	L	O
C	I	T	S	E	H	I	O	O	R	D	R	O	N	S	X	N	L	Z	W
T	X	Q	W	L	W	Y	N	Q	E	S	D	R	C	J	I	B	R	I	D
O	V	Z	D	L	G	V	F	Q	N	T	S	G	E	Q	S	X	C	J	V

BOBBY JORDAN
EDMUND COBB
JOHNNY CARPENTER
ORLEY LINDGREN
TOM NEAL

BRUCE EDWARDS
FRANK J SCANNELL
LARRY CHANCE
PARKE MACGREGOR
VEDA ANN BORG

DAVID SHARPE
JACK REYNOLDS
LILLIAN BRONSON
SAM FLINT
WILLIAM PULLEN

THE ALASKANS #1

N	R	S	M	M	M	Y	L	G	B	D	Q	I	D	E	R	V	A	C	C
S	A	Z	Q	D	Q	K	Y	U	S	L	O	H	A	M	E	L	V	D	S
A	U	M	Y	Q	I	S	P	Y	W	U	M	L	N	D	W	S	H	D	K
U	P	S	Z	R	A	Z	V	U	Q	N	L	A	P	N	E	P	B	W	P
R	P	P	A	E	I	U	F	C	H	A	N	A	Y	E	D	E	N	I	R
M	A	W	Y	N	G	A	N	D	R	E	A	P	K	I	N	G	U	G	O
P	W	D	M	O	Y	Y	I	R	S	G	N	P	Q	A	U	A	V	H	R
M	E	K	B	E	E	M	Y	S	L	J	E	V	A	J	E	X	U	T	R
Z	K	O	L	S	B	W	O	D	O	N	S	K	E	L	L	Y	E	N	Z
E	D	J	N	T	C	B	E	R	N	A	R	D	L	F	E	I	N	M	F
Z	Y	R	R	H	P	L	E	Y	R	F	N	R	Q	G	I	F	C	A	T
M	R	Y	A	F	D	Y	H	G	K	O	Q	U	R	Z	M	B	M	R	W
E	R	N	Y	B	C	E	X	A	O	O	W	S	G	D	L	A	X	F	B
L	C	N	D	D	D	P	L	U	I	J	K	T	M	Z	L	D	M	I	O
E	W	P	D	W	U	K	Q	J	I	M	M	Y	J	C	A	R	T	E	R
Q	V	J	A	C	Q	U	E	L	I	N	E	Q	B	E	E	R	D	L	X
H	N	R	N	M	N	O	O	N	P	A	X	L	N	X	C	G	M	D	L
K	D	R	T	E	K	I	K	R	U	J	F	A	Y	F	S	P	A	I	N
S	G	J	O	L	D	E	C	R	J	O	H	N	N	Q	U	A	L	E	N
T	B	P	N	N	J	T	K	A	T	H	L	E	E	N	L	C	A	S	E

ANDREA KING
DON KELLY
JACQUELINE BEER
KATHLEEN CASE
RAY DANTON
BERNARD FEIN
DWIGHT MARFIELD
JIMMY CARTER
LARRY CHANCE
RUSTY LANE
CHANA EDEN
FAY SPAIN
JOHN QUALEN
PENNY EDWARDS
SUSAN MORROW

ALIAS SMITH AND JONES #1

N	K	J	I	L	Y	F	Z	S	W	I	W	A	I	L	R	K	D	G	A
E	K	W	Q	V	L	A	J	Q	T	E	X	D	L	A	M	B	E	R	T
Y	U	T	S	F	K	O	A	N	Y	X	T	T	E	J	H	W	N	J	G
E	I	O	V	I	G	R	B	R	J	Y	K	R	K	J	R	I	N	B	T
R	J	H	P	D	D	R	I	I	Q	G	N	H	D	O	R	L	I	I	C
S	U	B	J	J	T	L	Z	H	B	Q	C	Y	E	H	A	L	S	L	R
E	E	R	N	D	M	F	J	N	K	Z	H	J	U	N	L	I	X	L	C
D	I	W	J	M	G	H	E	W	T	A	A	Y	B	Z	P	A	F	Y	M
Y	R	J	M	Z	E	P	R	L	R	M	R	I	F	R	H	M	I	R	C
B	C	A	A	U	U	J	J	R	E	B	L	L	I	U	J	H	M	S	M
S	A	Y	X	F	A	P	Y	S	I	L	E	I	V	S	S	B	P	Y	M
N	Z	V	C	N	U	A	T	N	F	T	S	P	U	S	T	E	L	W	I
L	S	J	A	I	H	D	Z	M	C	Q	Z	C	P	E	O	N	E	R	U
O	T	A	T	I	R	P	C	H	Y	N	D	M	Y	L	R	E	X	A	U
I	B	M	C	U	T	K	E	F	O	W	I	L	E	L	Y	D	V	U	K
V	Y	K	R	B	I	R	D	D	V	M	E	P	U	V	R	I	I	O	T
R	O	Y	K	N	J	H	I	Q	V	M	R	O	W	R	M	C	U	S	A
X	J	O	N	L	S	H	A	N	K	O	K	T	S	O	O	T	S	K	J
O	W	E	N	C	B	U	S	H	X	T	O	N	Y	P	D	A	N	T	E
Z	Y	W	P	O	G	V	I	U	H	N	P	E	T	E	A	D	U	E	L

BILLY
CHARLES DIERKOP
JAMES DRURY
OWEN BUSH
TEX LAMBERT

BILL FLETCHER
DENNIS FIMPLE
JOHN RUSSELL
PETE DUEL
TONY DANTE

BILL MCKINNEY
HARRY HICKOX
JON SHANK
RALPH STORY
WILLIAM BENEDICT

THE AMERICANS #1

R	Y	U	B	Q	T	J	E	Q	I	J	F	X	W	A	G	L	S	M	H
U	P	C	I	Z	F	S	E	P	V	L	Z	H	G	R	E	F	U	R	B
K	I	S	L	U	E	C	N	T	B	F	Q	E	E	K	M	M	S	J	L
U	O	I	X	N	T	Y	V	M	B	O	E	A	U	C	N	J	P	F	L
M	O	G	G	J	M	U	H	E	M	A	S	B	F	R	Z	U	W	P	O
L	Q	P	K	H	B	P	B	R	Q	Q	Y	R	V	R	N	H	P	U	Y
D	Z	E	V	F	C	M	A	R	S	H	A	P	H	U	N	T	A	T	D
U	S	J	I	S	T	E	P	H	E	N	R	J	O	Y	C	E	D	P	Y
B	L	D	C	V	H	E	M	J	K	E	N	Q	M	A	Y	E	R	N	B
V	I	R	G	I	N	I	A	T	G	R	E	G	G	J	Y	N	J	S	O
M	F	V	D	S	Z	C	G	P	O	P	N	N	A	D	P	P	E	Y	C
W	M	C	L	W	K	E	D	B	L	B	T	R	B	Y	S	Y	L	T	H
B	U	O	C	W	R	L	E	E	T	M	A	R	V	I	N	V	Y	Z	N
I	G	W	L	S	E	R	O	B	E	R	T	N	C	A	R	L	Y	L	E
N	Y	O	T	S	T	R	O	T	H	E	R	F	M	A	R	T	I	N	R
A	R	L	A	O	E	V	G	P	U	Q	P	C	O	X	I	A	B	L	W
D	E	K	C	R	A	I	G	H	D	U	N	C	A	N	T	T	J	L	E
M	A	U	R	I	C	E	Q	M	A	N	S	O	N	V	M	Z	E	I	I
C	L	A	R	R	Y	P	G	A	T	E	S	C	D	O	K	D	H	B	Z
P	A	U	L	N	L	A	M	B	E	R	T	B	W	J	X	H	M	R	Q

CRAIG DUNCAN
KEN MAYER
LLOYD BOCHNER
PAUL LAMBERT
STEPHEN JOYCE

FRANK GERSTLE
LARRY GATES
MARSHA HUNT
ROBERT CARLYLE
STROTHER MARTIN

JACK LORD
LEE MARVIN
MAURICE MANSON
ROBERT CULP
VIRGINIA GREGG

ANNIE OAKLEY #1

A	U	O	N	L	N	V	H	B	J	H	B	G	A	J	J	F	U	B	Q
R	A	A	R	Q	U	U	G	K	Q	O	Y	D	L	W	A	O	U	M	A
G	W	D	Q	L	E	X	J	W	X	U	H	R	P	E	M	C	Z	L	U
D	S	H	D	R	X	P	G	U	R	A	A	N	G	Q	M	I	T	D	R
G	L	R	F	A	X	W	I	L	L	I	A	M	M	P	H	I	P	P	S
Z	V	Y	M	N	E	N	H	Q	P	L	O	X	L	C	J	H	Z	R	Y
E	G	B	S	Y	A	H	J	S	S	Z	F	W	V	U	A	W	P	K	Y
Y	L	A	N	E	H	B	R	A	D	F	O	R	D	T	J	S	B	C	K
E	A	M	I	C	K	E	Y	W	S	I	M	P	S	O	N	T	O	T	M
D	S	A	M	D	F	L	I	N	T	F	W	C	H	M	A	U	B	N	U
U	E	D	G	A	R	T	D	E	A	R	I	N	G	B	N	S	N	C	R
A	P	N	I	M	U	L	Q	S	F	M	F	R	B	L	C	W	W	Q	S
N	L	I	V	I	R	V	Y	I	L	D	U	J	R	O	Y	J	O	W	J
E	O	S	R	E	B	P	I	I	O	R	D	M	G	N	Z	Y	O	C	L
K	H	T	M	X	R	S	D	U	Q	J	L	W	L	D	H	V	D	E	F
G	M	T	C	V	H	P	C	M	I	J	Q	R	C	O	A	Z	W	D	Y
R	A	C	H	G	V	E	P	C	Z	L	K	G	C	N	L	O	A	V	J
E	N	G	L	K	T	G	N	Y	T	W	R	J	D	Y	E	X	R	G	G
Y	Q	G	C	T	P	O	W	A	L	T	E	R	S	R	E	E	D	J	V
S	Y	S	E	Z	H	E	L	E	N	E	D	M	A	R	S	H	A	L	L

BOB WOODWARD
EDGAR DEARING
JOHN CASON
MICKEY SIMPSON
TOM LONDON
DENVER PYLE
GLASE LOHMAN
JOHN DOUCETTE
NANCY HALE
WALTER REED
DUANE GREY
HELENE MARSHALL
LANE BRADFORD
SAM FLINT
WILLIAM PHIPPS

BARBARY COAST #1

H	R	Q	O	F	Y	T	D	T	K	Y	T	K	S	I	R	K	M	L	G
X	P	Y	S	P	A	D	F	U	D	C	K	C	U	A	I	H	Y	A	M
V	U	P	M	U	L	U	J	W	Z	L	Q	Y	S	N	Z	V	C	C	X
Y	S	A	Y	K	F	Y	L	M	Z	Y	A	H	K	Y	G	N	P	O	O
R	V	T	F	S	A	N	D	Y	M	K	E	N	Y	O	N	F	O	W	B
I	L	O	M	A	R	T	I	N	D	E	Q	B	R	O	O	K	S	Q	N
N	W	H	X	N	Q	O	H	A	L	T	B	A	Y	L	O	R	R	J	D
E	S	I	A	Q	I	V	S	L	Z	S	I	M	M	Y	F	B	O	W	R
Z	W	N	U	E	S	T	B	R	E	B	D	T	N	D	Y	Z	B	F	G
N	Y	G	H	H	Z	C	E	J	E	E	S	B	A	W	I	Y	E	M	H
H	K	L	E	O	U	G	O	R	D	O	N	N	D	T	X	V	R	A	M
Y	T	E	N	T	K	H	N	T	R	O	N	Q	T	G	T	X	T	J	J
E	U	R	E	X	N	A	R	G	T	Y	J	O	C	D	F	U	J	M	A
Z	I	Q	A	K	R	H	O	F	C	N	D	S	O	O	P	U	L	P	H
S	A	T	H	D	Z	A	Q	S	N	K	W	L	G	L	D	Y	U	S	U
V	R	A	P	N	E	L	A	K	A	R	Q	A	E	E	Y	Y	S	L	J
P	R	F	M	I	V	N	U	Z	C	Y	U	B	L	S	O	T	S	Y	F
T	O	H	V	K	D	E	A	Y	Z	M	F	O	Y	K	T	U	I	H	H
X	Y	Q	Q	S	U	N	I	T	N	H	T	U	R	H	E	E	E	Y	R
Z	Y	J	O	H	N	N	Y	K	S	E	V	E	N	B	X	R	R	Z	P

BERNARD FOX
JOHNNY SEVEN
LEO GORDON
ROBERT LUSSIER
SIMMY BOW
DANNY SANDS
JOHN HART
MARTIN E BROOKS
SANDY KENYON
TERRY LESTER
HAL BAYLOR
KATHLEEN CODY
PAT HINGLE
SCOTT WALKER
ZITTO KAZANN

BAT MASTERSON #1

W	M	O	S	K	H	U	H	L	U	P	L	N	Q	S	J	R	O	Z	B
R	V	P	C	W	A	L	L	I	S	O	N	S	H	A	Y	E	S	Q	R
G	E	W	B	F	R	A	N	K	F	J	C	S	C	A	N	N	E	L	L
H	N	F	J	X	H	K	G	W	P	I	A	K	H	P	Z	G	V	A	P
J	E	Z	A	O	C	G	M	F	U	L	F	K	A	U	A	T	Y	Z	Z
A	H	B	C	U	R	R	G	E	J	L	A	U	R	J	S	G	S	F	H
U	Q	N	K	B	U	Q	C	V	A	S	L	V	L	W	N	G	H	A	Q
E	L	M	Y	E	I	P	B	M	E	A	Q	H	E	F	H	H	G	U	X
R	B	J	R	P	P	V	B	Y	E	C	J	R	S	B	Q	D	B	D	R
U	W	D	E	J	T	E	R	R	P	A	U	L	G	F	I	E	R	R	O
P	B	Z	I	J	R	R	A	E	L	B	N	J	F	H	C	H	E	E	B
W	F	F	T	T	O	Y	Z	L	E	Z	E	I	R	L	U	L	T	Y	E
G	Z	H	Z	G	M	J	E	Z	W	P	F	D	E	T	X	Z	T	S	R
L	I	X	E	O	V	N	E	U	G	U	B	C	D	Q	X	B	L	D	T
T	X	R	N	P	M	X	X	A	M	I	L	E	E	B	K	E	K	A	J
W	S	D	J	J	L	A	C	F	C	V	A	K	R	W	K	R	I	L	S
A	Y	J	A	P	C	R	H	M	D	E	I	C	I	K	F	T	N	T	W
J	V	F	J	F	S	N	D	X	V	H	R	A	C	V	V	I	G	O	A
X	F	P	C	L	S	Z	S	E	D	O	N	K	K	E	L	L	Y	N	N
E	V	B	V	Q	E	Z	I	Q	G	H	D	A	S	L	D	P	R	D	G

ALLEN JAFFE
BRETT KING
DON KELLY
JACK REITZEN
PAULA RAYMOND

ALLISON HAYES
CHARLES FREDERICKS
FRANK J SCANNELL
JUNE BLAIR
PAUL FIERRO

AUDREY DALTON
DEHL BERTI
JACK LAMBERT
KASEY ROGERS
ROBERT SWAN

BEST OF THE WEST #1

K	J	Y	M	Y	N	F	J	G	W	C	B	K	M	J	C	X	X	G	Y
Q	G	C	O	J	A	C	K	W	O	Q	H	A	L	L	O	R	A	N	P
O	P	K	W	I	A	N	O	W	O	L	F	E	Y	M	S	C	B	J	M
L	X	Q	P	N	L	M	Q	J	H	L	N	K	T	L	Y	S	Z	E	E
D	F	W	P	X	D	E	E	O	I	D	L	Z	B	T	N	X	X	A	E
K	E	D	E	C	R	V	B	S	U	S	A	N	J	R	U	T	T	A	N
I	R	A	E	E	O	C	O	E	O	U	R	K	K	U	A	C	H	F	O
W	I	N	U	Y	S	P	N	P	O	C	B	V	Y	S	O	U	C	L	Y
S	K	D	K	W	E	V	Y	H	K	I	A	W	I	Q	F	P	U	L	P
D	Z	Y	U	F	N	S	A	Q	D	G	D	L	G	J	L	O	Y	W	E
X	H	C	V	V	F	Y	L	P	D	A	E	D	V	Y	N	P	E	Q	L
O	O	G	N	E	T	J	A	A	Q	O	V	B	F	E	V	U	Y	J	U
R	L	R	Q	B	C	O	B	Z	V	F	O	I	M	H	R	F	F	O	C
U	L	I	T	Y	K	L	A	A	N	V	F	Z	D	D	J	T	D	C	E
R	A	F	C	H	R	I	S	T	O	P	H	E	R	Y	L	L	O	Y	D
D	N	F	G	N	D	R	T	Q	R	N	I	J	X	J	K	B	B	E	T
M	D	I	C	K	E	D	U	R	O	C	K	O	S	Y	L	N	Y	H	J
O	H	T	H	G	U	F	R	A	N	K	R	D	E	N	T	C	E	Y	N
F	E	H	B	Q	M	R	J	R	I	C	H	A	R	D	S	M	O	L	L
J	Y	X	B	C	I	S	V	P	A	A	T	X	Y	K	H	Z	Y	L	L

AL ROSEN
DAVID KNELL
ERIK HOLLAND
JACK O HALLORAN
MEENO PELUCE

ANDY GRIFFITH
DICK DUROCK
FRANK DENT
JAMES CALVERT
RICHARD MOLL

CHRISTOPHER LLOYD
EBON ALABASTUR
IAN WOLFE
JOSEPH PAZ
SUSAN RUTTAN

THE BIG VALLEY #1

B	H	N	E	H	O	Q	O	I	V	C	E	V	I	P	D	K	I	F	A
O	C	W	N	Z	I	X	D	G	A	O	D	H	D	G	Q	F	O	P	T
L	P	I	D	T	C	D	L	I	N	L	Y	L	S	U	W	M	Y	F	U
K	G	J	F	Y	B	N	O	S	K	Z	G	G	V	M	Q	Q	U	Z	D
R	X	Q	X	H	I	B	E	A	H	B	R	I	C	H	A	R	D	S	O
Z	N	Y	A	J	Y	U	S	A	N	D	R	A	I	S	M	I	T	H	U
D	T	N	B	K	H	Y	U	L	Y	G	I	V	D	A	M	M	A	J	G
R	F	D	L	E	E	P	K	R	I	E	G	E	R	G	O	B	S	C	L
L	R	C	A	R	O	L	Y	N	D	C	O	N	W	E	L	L	H	I	A
H	K	X	C	W	H	G	I	K	P	H	D	Q	X	S	S	A	O	I	S
M	F	R	M	J	E	A	N	N	E	T	C	O	O	P	E	R	J	K	V
I	A	F	N	O	X	A	D	U	T	Z	O	B	D	Y	D	F	F	H	K
F	V	M	S	G	E	D	D	I	E	O	F	I	R	E	S	T	O	N	E
I	N	N	R	M	O	W	S	J	R	O	Y	A	L	Z	D	A	N	O	N
W	H	E	B	X	P	H	I	L	T	C	H	A	M	B	E	R	S	N	N
B	G	C	I	R	M	A	R	C	H	E	J	O	H	N	S	O	N	Q	E
G	N	C	O	Y	A	D	U	Y	O	P	J	T	W	G	M	V	Q	G	D
F	M	Y	P	S	L	T	G	A	B	I	L	L	E	Q	U	I	N	N	Y
P	C	H	A	R	L	E	S	X	B	R	I	L	E	S	J	K	E	X	J
C	Q	Z	K	P	W	J	L	I	S	A	P	L	U	G	H	V	M	G	I

ARCH JOHNSON
CAROLYN CONWELL
EDDIE FIRESTONE
LISA LU
ROYAL DANO
BEAH RICHARDS
CHARLES BRILES
JEANNE COOPER
PETER HOBBS
SANDRA SMITH
BILL QUINN
DOUGLAS KENNEDY
LEE KRIEGER
PHIL CHAMBERS
VIRGINIA GREGG

BLACK SADDLE #1

T	B	Z	W	R	I	K	J	O	H	N	J	A	L	D	E	R	S	O	N
H	Y	I	A	B	O	D	O	R	J	J	C	N	X	X	S	O	O	X	A
R	E	K	P	A	R	W	H	R	O	Z	Z	N	P	O	K	B	S	J	U
L	H	N	N	T	B	W	N	I	H	M	Z	E	H	V	Q	E	N	P	Q
F	L	P	C	U	G	I	G	C	N	R	R	H	C	C	F	R	C	W	U
A	I	K	Y	B	E	L	M	H	W	P	J	B	H	H	V	T	D	A	R
S	Z	I	Y	L	N	L	A	A	A	H	O	A	U	A	C	K	O	D	T
X	D	F	J	U	E	I	R	R	N	I	R	R	C	R	K	F	F	G	V
B	J	I	Z	S	H	A	L	D	D	L	O	T	K	L	S	C	P	D	R
U	Z	I	W	E	N	M	E	S	E	I	B	O	G	E	Z	S	R	I	X
M	W	O	C	E	E	B	Y	S	R	P	E	N	H	S	E	I	Z	M	R
L	O	B	J	H	L	P	E	H	S	M	R	J	A	P	X	M	Y	G	B
R	C	V	M	E	S	H	M	A	O	A	T	P	Y	H	F	O	C	B	N
Z	S	X	R	Y	O	I	S	N	N	B	Q	I	W	Q	K	N	P	E	P
K	D	O	S	R	N	P	Z	N	E	B	B	K	A	G	H	F	X	D	Q
S	I	V	V	D	I	P	W	O	U	O	L	Z	R	R	U	F	I	O	U
P	I	A	B	R	J	S	H	N	O	T	A	S	D	A	Q	F	N	R	E
G	T	O	M	Z	S	M	I	T	H	T	K	G	R	Y	W	E	E	F	C
H	D	D	T	F	G	V	I	C	Y	P	E	R	R	I	N	P	R	X	Q
X	O	K	N	K	Y	U	U	E	X	Z	C	D	K	J	K	B	A	B	B

ANNE BARTON
CHUCK HAYWARD
JOHN ANDERSON
RICHARD SHANNON
TOM SMITH
CHARLES HORVATH
GENE NELSON
JOHN MARLEY
ROBERT BLAKE
VIC PERRIN
CHARLES H GRAY
JOHN ALDERSON
PHILIP ABBOTT
ROBERT F SIMON
WILLIAM PHIPPS

BONANZA #1

U	Z	O	I	D	Y	U	I	Y	X	J	E	X	O	O	C	M	V	V	T
Q	A	H	G	D	B	Z	T	D	I	T	V	S	G	T	T	K	H	E	X
T	S	R	R	W	T	J	G	H	Y	Z	Y	W	T	E	P	W	N	Z	K
Z	K	J	K	C	Y	N	O	X	M	S	M	Y	O	C	V	S	V	N	C
K	N	H	A	R	L	A	N	F	W	A	R	D	E	O	P	G	Z	S	V
K	O	X	K	M	T	O	T	E	D	F	G	E	H	R	I	N	G	G	A
E	L	I	J	M	E	S	T	U	A	R	T	D	N	I	S	B	E	T	R
L	P	D	U	B	P	S	B	L	H	F	W	Q	Y	C	C	E	G	W	T
L	H	C	C	S	F	X	G	O	O	E	O	Q	T	K	A	D	N	Z	H
Y	S	L	E	O	T	Y	D	J	B	L	N	N	V	Q	O	U	F	Z	U
G	J	K	O	A	L	L	A	N	E	A	B	R	A	D	F	O	R	D	R
T	L	D	Y	I	E	T	C	B	H	T	H	A	Y	R	W	N	L	B	R
H	Z	L	B	B	N	O	I	U	F	D	E	O	I	M	P	C	Q	T	P
O	O	X	I	E	O	L	E	X	Z	D	H	R	Y	K	W	L	Z	D	E
R	O	B	E	R	T	Q	B	R	U	B	A	K	E	R	P	I	X	M	T
D	H	S	R	I	T	A	L	O	U	S	F	R	I	Z	Z	E	L	L	E
S	A	C	K	R	T	V	M	R	D	Z	T	Z	U	J	E	P	O	L	R
E	G	K	U	P	B	E	K	R	A	B	Q	M	O	K	Y	I	M	R	S
N	V	I	C	T	O	R	P	S	E	N	H	Y	U	N	G	V	J	S	O
K	Q	K	C	L	A	Y	E	T	A	N	N	E	R	M	Y	X	E	Z	N

ARTHUR PETERSON
DUB TAYLOR
JAMES JETER
LOU FRIZZELL
TED GEHRING
BOB HOY
HARLAN WARDE
KELLY THORDSEN
ROBERT BRUBAKER
TOL AVERY
CLAY TANNER
HENRY WILLS
LANE BRADFORD
STUART NISBET
VICTOR SEN YUNG

BOOMTOWN #1

B	B	D	O	R	I	A	N	T	H	A	R	E	W	O	O	D	C	M	J
S	I	L	A	S	P	W	E	I	R	C	M	I	T	C	H	E	L	L	R
C	E	D	R	V	M	A	T	T	H	C	R	A	V	E	N	G	D	U	V
O	E	B	X	K	I	M	S	M	U	R	P	H	Y	N	I	W	R	O	G
H	U	T	I	W	G	D	A	M	I	E	N	X	L	E	A	K	E	T	V
P	G	M	I	M	U	F	W	J	K	T	G	D	T	T	R	W	W	X	Z
X	P	T	S	O	E	C	C	B	S	W	X	W	K	E	C	K	R	J	X
H	T	S	V	I	L	J	A	L	U	U	Z	X	G	Z	M	S	G	O	X
A	F	T	R	G	J	X	E	I	U	R	I	C	K	P	G	O	M	E	Z
H	W	I	L	P	A	M	N	E	V	F	K	Y	F	F	O	X	H	L	X
G	L	P	P	L	J	A	L	E	X	U	M	E	N	E	S	E	S	P	M
A	N	T	H	O	N	Y	W	D	I	A	Z	N	P	E	R	E	Z	E	T
N	D	S	E	L	Ú	A	B	L	V	M	B	H	D	B	X	J	Z	N	K
T	P	J	R	A	Ñ	Q	V	P	A	D	A	G	O	G	C	D	A	N	U
M	B	G	F	R	E	D	R	I	C	B	L	E	H	N	E	I	H	Y	M
S	C	X	M	X	Z	A	Z	F	Z	D	S	O	M	A	R	N	B	M	F
V	N	E	I	L	D	P	A	T	R	I	C	K	I	H	A	R	R	I	S
U	D	X	Q	Z	J	O	E	A	S	P	A	N	O	Y	E	I	I	H	H
S	X	M	G	A	R	Y	S	B	A	S	A	R	A	B	A	U	T	C	H
J	Z	R	I	B	Q	L	J	L	P	E	I	J	T	O	L	E	Q	U	V

ALEX MENESES
DAVID BURKE
GARY BASARABA
KIM MURPHY
NEIL PATRICK HARRIS
ANTHONY DIAZ-PEREZ
DORIAN HAREWOOD
JOE PENNY
MATT CRAVEN
RICK GOMEZ
DAMIEN LEAKE
FREDRIC LEHNE
JOE SPANO
MIGUEL A NÚÑEZ JR
SILAS WEIR MITCHELL

BOOTS AND SADDLES #1

K	O	U	T	A	G	E	X	J	L	I	V	A	O	R	G	P	N	A	W
T	D	B	C	X	X	Z	V	X	W	V	A	L	K	B	A	I	J	L	Y
S	Q	E	H	K	E	A	R	L	Y	P	A	R	K	E	R	N	R	Q	Z
R	N	U	A	O	D	A	N	S	B	A	R	T	O	N	D	A	J	F	B
L	J	G	R	Q	W	U	D	L	T	S	O	F	V	Z	N	T	R	J	H
J	O	E	L	V	A	S	H	L	E	Y	B	P	T	N	E	A	X	L	A
O	E	N	E	L	R	M	C	M	Z	N	E	A	N	Q	R	L	U	C	T
E	L	I	S	O	D	Y	O	U	I	W	R	T	W	T	Q	I	D	P	V
I	X	A	I	K	X	G	N	J	C	B	T	R	K	K	M	E	J	Z	X
C	M	O	S	Y	C	M	A	X	O	H	L	I	M	B	C	T	Y	G	H
O	A	P	T	X	O	H	W	A	Y	H	A	C	W	D	K	N	Y	K	W
N	R	A	E	J	L	E	Z	R	C	F	N	K	S	X	A	O	R	F	M
L	S	U	V	E	M	O	K	X	R	S	D	D	O	G	Y	R	K	A	I
E	T	L	E	B	A	F	M	X	Y	Z	E	M	P	N	Y	W	R	G	M
Y	O	M	N	S	N	F	I	X	X	V	R	C	C	I	L	I	K	H	M
R	N	T	S	B	S	Y	Z	E	N	M	S	V	L	T	C	C	Z	O	R
P	E	T	E	R	Z	B	R	O	C	C	O	E	I	S	G	K	D	T	W
X	J	O	R	Z	E	T	J	W	N	F	N	Y	X	D	O	P	A	F	D
I	C	S	V	J	G	J	O	H	N	N	Y	D	W	E	S	T	E	R	N
N	B	X	F	E	B	R	V	T	U	R	G	J	I	L	R	M	Z	X	D

CHARLES STEVENS
EDWARD COLMANS
JOEL ASHLEY
JOHNNY WESTERN
PATRICK MCVEY
DAN BARTON
EUGENIA PAUL
JOEL MARSTON
JOHN PICKARD
PETER BROCCO
EARL PARKER
GARDNER MCKAY
JOE CONLEY
NATALIE NORWICK
ROBERT ANDERSON

BORDERTOWN #1

G	T	W	S	H	M	D	X	H	B	W	M	K	Q	S	F	N	T	J	J
W	Z	R	N	W	P	A	T	R	I	C	E	B	V	A	L	O	T	A	N
T	Y	S	P	F	E	V	O	O	L	H	G	Y	O	R	O	R	I	M	J
Y	Z	D	K	Y	T	I	M	D	L	A	A	S	F	A	N	M	M	E	W
J	O	G	B	G	E	D	R	V	N	R	N	C	M	H	K	A	U	S	B
N	Z	J	S	L	R	Q	M	M	C	L	R	N	Z	M	K	N	A	A	Y
K	S	D	I	M	C	L	C	E	R	E	L	C	H	S	A	D	N	C	G
H	R	Z	Y	Q	B	O	B	N	O	S	E	P	A	A	T	B	D	R	Z
J	Q	I	W	M	L	N	E	Z	F	Q	I	K	R	W	Z	R	R	E	Q
P	C	G	K	D	A	G	A	I	T	K	T	Y	C	A	M	O	E	S	P
X	I	C	P	F	C	W	T	E	Z	R	C	M	K	T	A	W	S	C	U
A	P	Q	P	D	K	O	H	S	W	P	H	M	D	S	N	N	D	E	R
H	F	Y	H	A	W	R	L	K	T	I	B	A	Z	K	W	I	X	N	I
S	Z	N	W	E	O	T	Q	L	Q	T	L	I	O	Y	K	N	Z	Z	S
R	J	W	H	E	O	H	J	G	V	T	C	F	J	X	N	G	K	O	R
J	L	V	F	C	D	P	L	S	B	S	S	Y	Z	S	I	V	C	Z	I
I	M	Z	V	S	V	P	V	C	T	A	N	I	V	R	I	D	W	X	W
I	X	U	I	E	M	D	G	C	X	J	T	H	U	N	O	Y	Z	C	Q
J	T	N	Q	Q	B	M	W	C	P	Q	H	P	P	R	J	W	F	F	G
K	V	R	O	V	R	X	I	A	L	L	A	N	W	L	Y	S	E	L	L

ALLAN LYSELL	BILL CROFT	CHARLES K PITTS
DAVID LONGWORTH	JAMES CRESCENZO	LON KATZMAN
MEGAN LEITCH	NORMAN BROWNING	PATRICE VALOTA
PETER BLACKWOOD	ROD MENZIES	SARAH SAWATSKY
TIM ANDRES	TOM MCBEATH	WILF ROWE

BRANDED #1

L	H	Z	P	U	M	A	A	E	F	C	A	N	L	Q	M	R	A	Q	Q
W	H	Z	J	M	H	O	C	S	H	W	K	U	R	Y	X	Y	U	I	C
F	V	W	E	O	J	D	B	D	N	H	M	V	Y	X	I	Y	Z	I	J
E	Z	U	U	Z	F	K	J	C	L	M	U	N	M	Y	C	A	A	E	Q
K	P	O	L	E	B	Q	V	U	B	E	J	Y	T	L	E	T	Y	R	Z
N	B	P	Y	Q	W	B	P	O	F	I	K	U	D	L	B	T	Q	R	S
A	T	E	D	F	J	O	R	D	A	N	H	J	V	D	Q	O	Z	Z	Y
T	C	J	I	M	H	D	A	V	I	S	N	D	U	J	A	M	P	S	D
F	N	J	C	A	Z	C	N	J	K	V	G	Y	O	U	Z	G	R	W	N
O	M	A	K	F	D	G	C	C	E	G	N	F	V	R	Q	D	V	T	E
Z	T	F	G	A	O	B	E	H	A	R	R	Y	B	H	A	R	V	E	Y
Y	N	O	C	P	B	R	U	N	O	X	V	E	S	O	T	A	R	I	U
I	J	I	A	M	I	C	H	A	E	L	W	P	A	T	E	K	X	B	S
M	J	O	N	M	L	O	R	M	E	R	X	K	U	J	O	E	M	B	M
Q	I	E	G	D	L	T	T	G	Y	G	Z	D	T	U	T	W	M	I	I
A	H	I	E	J	H	P	A	T	U	O	D	M	A	L	L	E	Y	M	T
L	Z	J	Y	C	H	A	R	L	E	S	H	H	O	R	V	A	T	H	H
X	A	U	G	P	A	L	E	X	N	S	H	A	R	P	U	D	Q	D	C
H	G	C	H	A	R	L	E	S	B	M	A	X	W	E	L	L	T	C	Y
D	W	M	O	N	T	I	E	R	P	L	Y	L	E	R	T	K	C	J	C

ALEX SHARP	BILL HART	BRUNO VESOTA
CHARLES HORVATH	CHARLES MAXWELL	DICK CANGEY
HARRY HARVEY	JIM DAVIS	JON LORMER
J PAT O MALLEY	MICHAEL PATE	MONTIE PLYLER
SYDNEY SMITH	TED JORDAN	TOM DRAKE

BRAVE EAGLE #1

E	Y	P	R	N	W	M	I	N	C	Q	U	D	P	S	I	J	W	P	M
V	C	H	M	F	L	P	A	R	T	S	P	L	R	R	W	E	I	B	O
F	S	K	V	P	D	B	G	B	J	M	E	T	F	H	M	C	L	O	V
K	G	L	C	G	C	L	U	N	E	A	Z	N	Q	J	B	Y	L	E	R
O	P	B	F	V	J	Z	Y	X	N	A	K	Y	M	P	G	N	I	Q	E
U	B	E	U	L	A	H	T	A	R	C	H	U	L	E	T	T	A	Y	M
K	E	R	A	N	N	B	S	T	A	U	N	T	O	N	E	H	M	B	G
S	N	T	L	T	T	P	D	S	Y	P	Q	R	J	I	R	I	D	D	N
I	I	R	A	Y	A	C	H	V	C	I	G	P	J	V	R	A	H	R	H
T	F	W	N	Z	C	W	U	G	J	E	K	L	O	D	Y	X	E	G	W
K	R	H	X	T	X	J	E	J	Y	R	S	P	E	S	V	C	N	C	E
U	O	E	W	G	Z	L	N	E	O	R	U	A	L	Z	F	H	R	I	P
F	M	E	E	S	L	S	L	S	I	E	N	T	H	U	R	E	Y	B	N
G	M	L	L	N	R	D	A	H	H	Q	G	E	A	Z	O	N	B	C	G
N	E	E	L	D	R	U	I	S	C	W	B	O	S	N	S	A	H	Q	L
N	R	R	S	E	R	Z	V	R	G	A	E	V	H	N	T	U	X	R	N
A	Q	F	D	E	F	S	O	Y	L	T	A	H	L	L	D	L	S	O	Z
D	P	G	Y	Z	T	M	H	B	H	K	R	A	E	Z	A	T	C	G	K
D	E	L	C	E	E	B	H	B	G	I	J	R	Y	Y	G	D	J	C	I
A	V	P	F	R	S	X	U	J	O	N	S	A	Y	O	W	C	O	S	V

ALAN WELLS
BERT WHEELER
DEAN CROMER
PAT O HARA
SUN BEAR
ANN STAUNTON
BEULAH ARCHULETTA
GEORGE ELDREDGE
PIERRE WATKIN
TERRY FROST
BEN FROMMER
CYNTHIA CHENAULT
JOEL ASHLEY
ROSA REY
WILLIAM HENRY

BRET MAVERICK #1

D	B	B	I	X	M	W	Y	Q	A	A	Y	I	K	K	N	B	Y	E	W
B	Z	J	V	K	U	E	L	W	J	G	O	V	V	I	G	I	B	J	K
G	W	D	C	Z	U	J	A	M	E	S	O	N	K	P	A	R	K	E	R
D	S	U	G	É	R	A	R	D	I	R	I	N	A	L	D	I	S	P	J
K	G	A	W	G	H	C	N	A	X	Z	R	F	T	D	Z	M	R	S	B
C	J	N	V	B	V	K	V	J	O	H	N	O	M	C	L	I	A	M	B
P	D	E	T	E	D	P	S	T	I	D	D	E	R	R	S	L	D	F	S
Z	W	S	B	C	U	G	P	H	V	S	W	W	I	C	B	W	O	X	S
N	W	R	I	C	H	A	R	D	B	H	A	M	I	L	T	O	N	H	D
Z	V	P	L	J	M	R	T	O	A	C	W	L	W	C	U	O	I	C	I
I	W	C	L	K	Y	N	V	B	O	R	L	Z	Y	I	N	X	M	O	V
I	N	A	Y	E	D	E	Z	A	I	A	L	L	F	Y	W	C	A	B	Q
W	B	M	G	T	U	R	B	C	I	L	X	E	Z	P	Q	U	C	M	Y
Y	Q	P	K	M	G	M	L	M	Z	Z	L	B	E	I	Y	N	K	E	O
Q	V	B	E	D	S	R	O	E	G	N	G	E	C	N	E	V	A	H	G
Z	F	E	R	Q	E	R	L	M	E	W	R	E	C	G	P	T	Y	P	A
X	K	L	R	I	R	H	B	Z	H	R	K	W	P	R	W	C	D	O	Y
D	F	L	D	I	F	W	Y	H	S	T	Z	R	L	X	O	Y	A	H	G
I	B	I	L	L	N	M	C	K	I	N	N	E	Y	Y	C	S	Y	R	J
H	E	L	Z	C	H	E	S	T	E	R	J	G	R	I	M	E	S	Q	R

BILLY KERR
BILL CROSS
BILL MCKINNEY
CHESTER GRIMES
DARLEEN CARR
DON MACKAY
DUANE R CAMPBELL
GÉRARD RINALDI
JACK GARNER
JAMESON PARKER
JOHN MCLIAM
PRISCILLA MORRILL
RICHARD HAMILTON
RIC REID
TED STIDDER

BROKEN ARROW #1

C	E	A	N	S	O	X	X	N	K	P	C	X	Y	S	T	I	A	G	Y
P	F	K	K	E	N	N	E	T	H	W	M	A	C	D	O	N	A	L	D
E	R	H	C	H	R	I	S	T	O	P	H	E	R	L	D	A	R	K	U
Y	M	C	D	A	A	N	Z	T	U	M	E	S	P	E	H	T	L	U	V
D	L	L	P	R	D	I	Z	W	B	I	K	F	S	I	F	N	S	G	S
Z	Z	I	T	R	T	H	I	N	Z	C	G	F	L	R	Z	J	X	K	U
S	K	G	S	Y	I	S	I	H	U	P	K	P	A	A	Y	K	C	S	E
O	Z	B	I	G	Q	Y	Y	X	T	S	A	N	P	D	E	Y	N	V	P
C	W	I	I	H	H	U	J	K	U	C	C	E	Y	N	D	K	H	W	E
F	U	O	E	A	V	H	R	I	S	I	T	O	I	Q	J	E	Y	K	N
E	X	Y	Z	R	P	I	J	E	S	E	L	C	K	E	F	R	N	L	G
V	A	H	F	V	H	B	K	L	R	I	H	R	A	Y	M	T	E	A	L
E	W	S	N	E	L	N	M	P	V	R	U	N	P	R	D	G	M	V	A
A	Z	K	X	Y	X	C	H	R	I	S	R	A	L	C	A	I	D	E	N
H	M	B	I	B	D	A	G	S	E	H	T	G	D	H	D	W	J	Q	D
B	K	W	B	O	N	L	T	J	O	H	N	S	L	U	P	T	O	N	K
M	S	Y	N	S	Q	Y	C	W	B	N	Q	Y	N	P	F	U	V	S	P
Z	K	A	E	T	M	L	E	O	N	A	R	D	Q	N	I	M	O	Y	X
Q	L	N	P	A	U	L	X	P	I	C	E	R	N	I	K	X	Q	H	T
D	R	P	A	U	L	D	L	A	N	G	T	O	N	U	S	X	P	Q	L

CHRISTOPHER DARK
HARRY HARVEY
KENNETH MACDONALD
PAUL LANGTON
RAY TEAL
CHRIS ALCAIDE
JEAN HOWELL
KEN CHRISTY
PAUL PICERNI
SUE ENGLAND
FRANCIS MCDONALD
JOHN LUPTON
LEONARD NIMOY
PETER HANSEN
TOM FADDEN

BRONCO #1

R	P	C	F	Q	O	F	Y	K	P	I	G	G	E	M	K	W	A	G	H
U	K	V	P	K	L	I	T	Y	B	F	X	V	R	T	E	Z	O	V	F
A	R	J	E	A	N	N	E	Z	C	O	O	P	E	R	N	W	W	B	E
J	D	H	F	R	A	N	K	K	A	L	B	E	R	T	S	O	N	L	S
U	F	T	X	L	G	M	G	B	L	K	B	B	F	T	X	I	N	L	K
Q	K	V	M	J	E	P	X	K	I	W	Z	E	T	E	R	Z	G	W	S
M	Y	R	Y	S	O	H	W	S	Q	P	B	X	U	D	I	L	C	O	L
I	W	O	R	W	R	A	Y	O	D	A	N	T	O	N	C	I	H	E	D
V	O	B	O	E	G	D	T	B	Y	C	A	N	E	Y	H	H	A	S	Z
Y	K	E	N	N	E	T	H	G	M	A	C	D	O	N	A	L	D	H	B
D	S	R	B	S	N	O	Y	F	M	G	Z	R	G	R	R	H	A	K	B
O	V	T	H	O	O	L	D	U	X	L	F	T	R	W	D	U	E	Z	P
D	B	Y	E	N	Y	N	X	X	H	W	E	Y	S	G	F	Q	V	Q	D
K	N	W	A	V	H	A	I	Z	F	A	W	S	S	V	G	O	E	K	O
S	D	A	L	C	A	V	Z	R	A	H	R	Z	P	L	A	F	R	T	C
F	P	R	E	J	N	E	E	G	A	H	C	D	W	K	R	F	E	T	E
D	G	W	Y	I	L	R	I	R	N	H	M	M	I	R	L	Y	T	U	J
Z	E	I	E	F	O	Y	V	X	T	C	A	C	G	N	A	Y	T	R	X
T	G	C	U	O	N	E	M	O	R	R	I	S	F	A	N	K	R	U	M
I	M	K	C	L	Y	D	E	B	H	O	W	D	Y	J	D	B	V	B	V

CHAD EVERETT
GEORGE O HANLON
KARL SWENSON
MYRON HEALEY
ROBERT WARWICK
CLYDE HOWDY
HARRY HARVEY
KENNETH MACDONALD
RAY DANTON
TOL AVERY
FRANK ALBERTSON
JEANNE COOPER
MORRIS ANKRUM
RICHARD GARLAND
TY HARDIN

BUCKSKIN #1

G	F	T	E	C	S	S	C	O	T	T	Y	W	M	O	R	R	O	W	Q
R	A	E	M	C	J	V	A	V	O	H	A	E	M	V	Q	T	R	L	L
L	I	W	I	M	M	L	I	L	L	I	A	N	K	P	O	W	E	L	L
E	B	F	C	A	U	D	I	G	L	Y	L	X	M	M	I	Q	M	R	V
A	T	Q	H	R	R	S	W	O	G	Y	U	R	R	R	C	C	V	V	Z
B	P	A	A	Y	A	P	P	O	G	Z	E	P	M	T	Q	R	X	S	B
Q	Y	P	E	K	I	V	B	O	G	F	I	B	I	P	B	Q	D	L	S
C	T	A	L	B	M	O	G	U	E	T	A	J	R	F	J	Y	R	M	Q
I	V	U	K	E	W	Q	J	E	T	M	S	E	D	O	N	K	H	I	X
J	O	L	L	T	I	X	N	M	U	B	H	N	A	A	P	E	N	P	I
D	M	F	I	H	G	E	A	Q	Q	R	K	N	I	Q	J	H	H	Z	X
Q	H	L	P	Z	Y	N	F	H	D	I	N	I	E	S	D	W	Y	P	X
L	Z	U	T	H	W	D	W	D	X	E	M	F	J	W	D	Q	T	L	N
N	Q	K	O	U	V	C	D	W	D	B	Q	E	I	C	C	Z	A	N	F
N	F	A	N	G	B	G	D	D	E	X	P	R	D	E	V	O	B	K	D
A	T	T	R	H	Q	P	A	W	B	N	W	E	J	I	B	W	M	R	X
R	V	H	I	E	E	V	U	U	C	R	W	W	U	V	E	H	T	B	C
A	E	E	F	S	I	O	M	I	C	H	A	E	L	K	H	I	N	N	Q
K	I	R	T	S	M	Q	X	W	F	B	A	S	D	V	S	Q	T	Z	W
Y	H	C	A	G	W	S	R	O	B	E	R	T	W	F	U	L	L	E	R

DON HIX
LILLIAN POWELL
MICHAEL HINN
NEWCOMB
SALLY BROPHY

JENNIFER WEST
LISA LU
MICHAEL LIPTON
PAUL LUKATHER
SCOTTY MORROW

JOANNE DAVIS
MARY BETH HUGHES
MR FEENEY
ROBERT FULLER
TOM PITTMAN

BUFFALO BILL JR #1

K	R	M	K	T	D	B	P	B	B	S	H	M	M	U	O	H	D	B	V
C	G	Q	G	C	G	U	O	B	I	L	L	Y	X	M	I	L	L	E	R
N	G	K	A	H	C	H	A	R	L	E	S	H	H	A	Y	E	S	W	U
K	Z	Q	Y	D	V	Z	E	S	L	W	J	T	S	C	Y	M	A	Z	O
Q	A	F	N	D	F	R	E	D	U	L	I	B	B	Y	L	U	W	E	L
Q	G	I	E	M	Y	R	M	Y	B	W	J	K	D	U	O	Z	N	H	C
F	L	Z	C	K	C	Z	S	M	A	R	I	A	L	M	O	N	A	Y	H
J	E	L	W	P	S	M	Z	W	U	P	Q	H	I	U	N	P	S	H	Y
Y	N	N	H	A	R	R	Y	Y	C	H	E	S	H	I	R	E	Y	E	Z
W	N	S	I	F	K	F	E	R	O	D	D	G	R	E	D	W	I	N	G
Y	S	V	T	S	I	R	A	C	M	N	V	C	J	N	A	R	O	R	C
P	S	X	M	T	G	H	F	D	T	T	J	N	O	I	K	N	J	Y	B
J	T	U	A	R	T	I	E	O	O	R	T	E	G	O	R	Q	X	N	F
F	R	A	N	K	I	E	R	M	A	R	V	I	N	I	G	Z	A	R	Z
O	A	G	J	O	S	T	E	V	E	H	P	E	N	D	L	E	T	O	N
U	N	X	R	F	A	K	L	W	X	C	E	J	F	P	S	I	S	W	J
N	G	A	Q	S	I	F	V	Y	F	W	W	L	G	O	F	N	G	L	N
K	E	N	N	E	R	D	U	N	C	A	N	P	U	B	V	H	J	A	F
U	Z	Y	R	I	C	H	A	R	D	I	H	A	C	U	T	T	I	N	G
A	A	S	T	H	N	K	U	D	G	E	L	L	Y	U	Q	A	H	D	V

ARTIE ORTEGO
CHARLES HAYES
GAYNE WHITMAN
HENRY ROWLAND
RICHARD H CUTTING
BILLY MILLER
FRANKIE MARVIN
GLENN STRANGE
KENNE DUNCAN
RODD REDWING
BILL BAUCOM
FRED LIBBY
HARRY CHESHIRE
MARIA MONAY
STEVE PENDLETON

THE CALIFORNIANS #1

Q	J	A	M	E	S	W	T	Q	C	A	L	L	A	H	A	N	Q	C	U
N	C	A	R	O	L	Y	N	N	C	R	A	I	G	O	N	C	B	E	U
B	A	D	M	K	W	Q	J	A	W	C	E	H	Z	X	W	B	C	E	P
B	Y	D	O	E	K	K	O	W	T	P	N	L	E	V	M	S	H	Z	M
O	U	L	J	U	S	K	B	E	C	S	O	V	B	W	U	E	A	W	T
P	J	P	P	E	G	X	H	I	L	L	I	A	S	F	R	J	R	G	M
T	A	K	A	O	A	L	W	J	A	Z	N	L	E	B	O	T	L	C	Y
V	C	U	U	R	D	N	A	E	V	V	R	K	E	B	Y	Z	E	X	Z
U	K	A	L	O	L	B	A	S	S	U	V	R	O	Y	F	C	S	D	A
B	C	N	B	Y	M	E	N	A	S	T	T	G	G	K	E	I	V	I	R
H	L	N	K	M	L	R	Y	S	L	A	E	N	A	N	N	P	E	C	K
M	A	N	E	E	E	A	Z	W	R	L	D	R	Z	Z	G	Z	V	C	G
P	M	D	A	M	T	B	M	U	B	L	I	U	F	A	E	C	A	A	O
R	B	A	S	C	E	Y	D	B	Q	A	V	S	M	I	L	F	N	F	U
G	E	N	T	N	N	L	W	R	E	L	E	A	O	B	E	A	S	B	Q
R	R	I	D	N	E	E	H	E	D	R	S	R	Y	N	R	L	D	U	E
R	T	E	N	Y	R	Z	A	W	K	Y	T	A	S	A	O	I	D	A	O
D	R	L	K	O	S	S	J	Q	S	H	H	W	W	S	Q	C	L	Y	Z
X	P	S	R	I	L	I	Y	Z	N	X	J	I	I	U	T	Z	N	L	G
B	S	A	O	K	I	G	S	F	D	V	B	B	B	X	N	V	O	R	E

ANN DANIELS
DOUGLASS DUMBRILLE
JAMES T CALLAHAN
PARLEY BAER
PEG HILLIAS

CAROLYN CRAIG
HERBERT RUDLEY
JAMES WESTERFIELD
PAUL KEAST
ROY ENGEL

CHARLES EVANS
JACK LAMBERT
JEAN ALLISON
PAUL LAMBERT
RUSS BENDER

CASEY JONES #1

U	Y	I	W	I	L	L	I	A	M	N	H	E	N	R	Y	O	J	N	D
J	R	U	I	I	C	R	H	B	O	B	A	E	Q	E	J	A	J	B	E
E	T	N	L	L	L	Y	N	N	P	S	H	U	B	E	R	T	K	Q	L
M	U	R	L	O	W	L	E	O	R	G	O	R	D	O	N	F	Z	V	S
Z	S	R	A	D	Y	J	I	M	X	B	A	N	N	O	N	V	J	P	G
A	M	E	R	C	N	M	T	A	D	E	L	E	C	M	A	R	A	X	W
L	L	I	D	D	D	K	K	U	M	L	C	L	E	V	V	T	N	S	W
U	V	R	V	O	H	E	L	E	N	Q	W	E	S	T	C	O	T	T	Q
A	G	X	W	E	A	N	N	F	N	X	B	Q	I	C	O	A	E	G	N
Q	G	T	A	E	R	N	O	V	V	R	T	R	D	G	C	W	D	K	R
Q	J	T	T	Q	R	E	K	W	E	B	M	N	Y	Y	L	A	J	A	X
Z	I	G	E	W	Y	T	H	F	M	R	Q	A	X	A	N	T	D	Y	P
N	V	Z	R	F	J	H	B	O	B	B	T	H	Y	I	N	P	E	F	O
F	U	V	M	D	S	V	Z	F	Z	N	A	P	W	E	X	T	J	M	U
U	G	S	A	B	H	B	T	H	L	R	X	H	Y	N	R	F	C	B	G
S	O	L	N	H	A	E	U	Y	R	I	I	D	K	L	A	P	O	D	N
L	J	R	T	C	N	C	O	I	Q	T	C	G	I	T	E	P	R	Q	E
W	T	G	K	E	N	K	S	U	E	P	G	T	N	T	H	C	S	G	F
C	O	O	G	J	O	E	U	K	O	O	S	O	D	K	O	Z	I	M	Y
M	H	A	Q	M	N	R	Q	Y	X	V	I	J	T	B	Y	S	A	R	H

ADELE MARA
HARRY SHANNON
KENNETH BECKER
LYNN SHUBERT
WILLARD WATERMAN

DAN WHITE
HELEN WESTCOTT
KEN MAYER
STACY HARRIS
WILLIAM BRYANT

DENVER PYLE
JIM BANNON
LEO GORDON
TED DE CORSIA
WILLIAM HENRY

CENTENNIAL #1

Q	X	W	H	E	R	M	A	N	G	B	O	C	K	W	E	I	S	S	P
B	E	M	I	C	H	A	E	L	T	A	N	S	A	R	A	I	B	E	P
M	C	N	N	V	N	J	U	M	J	R	W	C	N	I	D	V	Z	F	N
H	C	O	B	B	V	O	H	I	A	I	I	L	Y	W	G	I	Q	V	Y
F	M	Q	Y	P	A	R	M	D	L	C	L	I	R	H	Y	F	G	B	O
V	H	I	T	K	I	W	J	A	E	H	L	F	M	R	U	Z	T	C	S
V	T	Z	I	N	L	M	L	L	X	A	I	F	E	P	W	A	Q	M	H
B	D	W	M	L	B	A	R	B	A	R	A	Y	C	A	R	R	E	R	A
G	Q	G	O	U	C	X	O	X	N	D	M	D	L	S	G	C	L	Y	R
A	E	Y	T	L	V	W	B	V	D	Y	F	E	A	Q	E	T	B	Z	O
J	D	H	H	V	J	E	E	I	E	C	A	O	Y	U	B	T	N	S	N
X	N	P	Y	A	L	L	R	G	R	R	T	Y	T	I	A	T	F	J	V
F	W	W	P	D	K	L	T	X	N	E	H	O	B	N	C	G	P	P	G
O	P	L	D	L	A	O	M	L	M	N	E	U	A	E	M	C	P	O	L
V	E	A	A	K	P	M	C	E	C	N	R	N	S	L	P	I	Q	C	E
E	H	G	L	Q	L	E	O	C	K	A	T	G	K	X	T	S	F	O	S
G	K	S	T	M	A	R	N	O	E	G	O	K	E	N	H	W	U	M	S
Z	U	X	O	T	I	C	R	C	A	G	N	Z	T	C	Q	A	F	K	O
O	D	J	N	N	Y	Y	A	Q	G	Z	T	U	Z	D	L	Q	H	D	D
N	O	F	Q	C	H	A	D	O	E	V	E	R	E	T	T	S	U	R	E

ALEXANDER MCKEAG
CLAY BASKET
JIM LLOYD
PASQUINEL
SHARON GLESS
BARBARA CARRERA
CLIFF DE YOUNG
MAJOR MAXWELL MERCY
RICHARD CRENNA
TIMOTHY DALTON
CHAD EVERETT
HERMAN BOCKWEISS
MICHAEL ANSARA
ROBERT CONRAD
WILLIAM ATHERTON

CHEYENNE #1

Q	E	Y	A	P	A	C	H	E	M	I	N	D	I	A	N	Z	B	B	C
E	Z	E	R	E	S	E	R	V	A	T	I	O	N	S	P	Z	R	A	L
L	P	X	I	V	X	Z	L	E	M	E	V	I	Y	B	A	R	P	L	R
B	P	G	Z	H	R	F	E	J	Q	L	R	U	N	O	Z	A	F	E	C
X	K	U	O	H	O	B	I	K	Q	E	R	Q	X	F	C	J	R	D	O
Y	L	N	N	P	V	R	C	R	Y	V	T	P	U	H	D	Q	I	V	M
U	Z	I	A	M	A	Z	M	L	M	T	F	J	E	L	W	X	R	D	A
B	L	H	O	I	W	X	P	K	C	D	V	J	I	C	K	M	C	P	N
L	I	L	T	W	Z	P	M	O	U	N	T	A	I	N	S	K	W	B	C
W	W	F	E	P	B	E	W	R	S	E	Q	V	V	I	U	Y	Y	W	H
R	A	L	R	B	P	B	U	S	R	T	I	Q	K	B	S	H	A	K	E
Y	P	U	R	G	O	N	K	R	X	L	X	N	V	Q	Y	M	C	D	R
L	P	P	I	Y	U	F	I	O	R	D	Z	A	R	V	V	G	T	N	I
P	I	L	T	V	L	T	H	W	X	J	P	Z	M	E	X	I	C	A	N
L	E	E	O	S	O	I	A	M	F	A	G	E	I	E	Q	H	O	A	D
M	X	V	R	R	K	R	O	Y	C	D	X	E	U	B	R	R	A	C	I
N	B	L	Y	I	R	D	W	H	F	I	O	S	Z	D	K	I	E	D	A
O	G	M	C	Q	W	D	E	U	C	H	I	E	F	N	D	V	C	V	N
V	Y	M	Z	Y	E	W	C	O	M	A	N	C	H	E	R	O	T	A	I
W	G	V	Q	Q	G	O	N	Z	R	Z	C	U	G	T	H	R	M	I	N

APACHE
APACHE INDIAN
APACHE TERRITORY
ARIZONA TERRITORY
CHIEF
CIVIL WAR
COMANCHERO
COMANCHE INDIAN
COWBOY
MEXICAN
MEXICO
MOUNTAINS
POST AMERICAN
RESERVATION

THE CHISHOLMS #1

K	M	F	R	C	L	E	P	W	L	U	Y	C	O	L	O	U	U	W	G
Q	X	B	M	F	X	M	X	R	W	N	R	Z	A	Y	L	P	N	Q	H
A	I	K	C	H	A	R	R	Y	V	M	I	C	H	A	E	L	S	C	J
J	D	W	R	W	B	E	T	T	Y	K	B	L	A	N	C	O	P	R	G
J	Q	A	L	V	I	C	T	O	R	I	A	Q	R	A	C	I	M	O	A
N	E	B	C	F	V	Q	R	H	R	E	N	Z	R	E	L	I	Z	N	K
W	P	N	G	J	B	X	O	A	U	J	U	D	Y	R	N	B	O	A	X
T	B	W	M	B	S	H	B	M	B	A	E	E	R	O	V	X	G	L	I
G	T	X	D	H	T	J	E	J	E	C	D	A	G	G	B	C	Y	D	M
X	U	P	D	K	T	F	R	A	N	K	B	N	O	E	L	K	K	P	S
J	R	H	V	K	N	V	T	R	H	S	B	C	V	R	O	F	P	G	D
C	R	P	U	Z	G	V	T	P	M	C	R	H	E	B	Z	F	S	T	A
Q	N	G	I	K	H	B	B	R	O	A	U	I	R	F	H	L	F	J	G
O	H	X	Z	B	P	E	A	E	R	S	C	L	N	R	V	U	L	O	T
O	C	S	H	X	W	T	R	S	E	P	E	L	I	A	F	N	O	S	F
U	R	S	V	S	U	T	T	T	N	E	B	O	C	Z	C	O	Q	E	I
U	Q	G	X	G	Y	W	O	O	O	R	B	A	K	I	Y	J	N	P	J
Q	V	T	H	S	D	Q	N	N	V	S	L	A	Z	E	N	M	D	H	Q
A	G	T	O	M	F	T	A	Y	L	O	R	Q	P	R	V	S	W	C	I
I	A	I	P	Y	A	N	T	H	O	N	Y	H	Z	E	R	B	E	L	J

ANTHONY ZERBE
ED BRUCE
HARRY MICHAELS
ROBERT BARTON
RUBEN MORENO
BETTY BLANCO
FRANK NOEL
JACK CASPERSON
ROGER FRAZIER
TOM TAYLOR
DEAN HILL
HARRY GOVERNICK
JA PRESTON
RONALD G JOSEPH
VICTORIA RACIMO

CIMARRON CITY #1

V	L	F	Y	G	Q	N	I	V	B	K	G	N	X	B	U	V	W	V	R
I	A	R	X	M	K	S	Y	G	B	F	E	U	N	C	A	K	T	E	V
U	O	A	S	W	D	Y	F	K	B	M	S	F	W	M	R	G	C	E	H
M	G	N	I	A	P	Y	L	O	T	T	H	A	O	G	Z	Z	J	E	J
P	D	K	D	G	Z	J	Q	G	X	U	L	W	B	N	C	I	U	L	Q
Z	D	Z	A	Q	V	L	C	O	J	L	G	B	W	O	Y	D	A	R	D
C	C	G	M	I	M	K	N	V	Y	E	Y	J	X	R	O	D	E	Z	V
V	O	E	R	M	Q	X	A	H	N	A	Z	A	L	P	D	X	X	J	M
V	F	R	O	G	J	Z	B	P	X	R	W	I	T	K	C	T	Q	O	F
Y	P	S	T	U	A	R	T	U	R	A	N	D	A	L	L	F	B	H	D
Z	N	T	D	P	O	X	F	R	E	D	Y	S	H	E	R	M	A	N	I
T	M	L	F	W	K	P	B	R	A	D	T	D	E	X	T	E	R	S	V
H	R	E	N	G	A	R	Y	S	C	R	U	T	C	H	E	R	P	B	F
Q	V	P	K	V	U	Z	D	A	N	K	D	U	R	Y	E	A	R	A	I
I	F	P	I	C	S	A	N	D	Y	K	S	A	N	D	E	R	S	N	I
R	F	P	T	E	R	R	Y	I	B	U	R	N	H	A	M	H	Y	N	H
U	D	E	A	N	J	S	T	O	C	K	W	E	L	L	S	H	K	E	O
M	D	B	E	R	N	F	H	O	F	F	M	A	N	D	G	Q	F	R	L
Z	C	L	E	E	G	R	O	B	E	R	T	S	Z	U	H	E	Y	W	Z
E	L	E	W	I	S	J	M	A	R	T	I	N	D	V	N	M	A	G	J

BERN HOFFMAN
BRAD DEXTER
DAN DURYEA
DEAN STOCKWELL
FRANK GERSTLE
FRED SHERMAN
GARY CRUTCHER
JOHN BANNER
LEE ROBERTS
LEWIS MARTIN
LINDA DARNELL
SANDY SANDERS
STUART RANDALL
TERRY BURNHAM
WALLY BROWN

CIMARRON STRIP #1

F	M	A	T	R	R	K	E	E	S	H	B	R	O	D	J	G	R	R	B
Q	P	R	H	X	D	Y	S	D	T	D	O	D	L	W	P	C	V	U	K
J	Z	B	O	B	Q	F	O	L	K	E	R	S	O	N	Z	D	N	I	L
B	B	E	A	U	B	B	R	I	D	G	E	S	M	B	D	T	X	S	H
I	D	A	Q	F	J	I	M	E	D	A	V	I	S	D	R	C	T	L	J
I	T	K	Q	B	O	W	F	O	G	E	N	E	Y	E	V	A	N	S	M
Y	Y	G	G	R	D	L	M	B	R	C	D	I	X	G	O	J	K	V	T
W	L	A	H	M	A	R	I	E	T	T	E	G	H	A	R	T	L	E	Y
E	T	M	K	N	V	Q	Y	S	M	Z	H	G	G	O	A	H	H	J	M
I	I	W	D	O	I	B	D	B	R	O	M	V	U	V	S	G	N	Q	V
W	Q	E	W	R	D	Y	J	I	L	L	V	T	O	W	N	S	E	N	D
B	R	I	F	A	P	T	O	M	G	M	C	D	O	N	O	U	G	H	I
S	U	G	O	F	C	J	A	M	E	S	N	A	L	M	A	N	Z	A	R
V	D	I	N	O	A	N	Z	C	W	H	C	O	B	N	B	N	I	Z	S
F	S	F	H	E	N	R	Y	R	W	I	L	C	O	X	O	N	F	A	R
X	M	I	C	H	A	E	L	M	J	B	P	O	L	L	A	R	D	M	F
G	E	G	P	E	R	C	Y	M	H	E	R	B	E	R	T	K	M	M	X
S	H	A	R	R	Y	L	D	E	A	N	L	S	T	A	N	T	O	N	X
F	H	V	N	N	B	S	P	D	J	N	T	X	T	A	D	X	Y	M	Q
R	S	C	T	H	V	G	K	Y	K	W	O	A	O	O	Y	I	L	G	V

BEAU BRIDGES
ED FLANDERS
HENRY WILCOXON
JIM DAVIS
PERCY HERBERT
BOB FOLKERSON
GENE EVANS
JAMES ALMANZAR
MARIETTE HARTLEY
REX HOLMAN
DAVID CANARY
HARRY DEAN STANTON
JILL TOWNSEND
MICHAEL J POLLARD
TOM MCDONOUGH

COWBOY GMEN #1

P	B	E	J	K	V	R	O	B	E	R	T	P	L	O	W	E	R	Y	V
E	V	F	S	I	H	H	H	L	B	G	R	W	E	U	K	F	E	P	L
R	X	M	S	D	C	N	D	P	P	U	I	E	B	F	C	A	Y	Q	Q
D	L	F	R	O	N	Z	N	Z	E	L	S	S	P	K	H	R	U	A	F
R	A	N	T	V	N	W	L	M	M	E	T	P	P	P	M	I	R	A	H
H	J	C	O	I	H	P	K	P	E	E	R	H	A	R	I	Z	O	N	A
T	D	C	Y	U	K	D	B	Y	Q	F	A	U	T	Z	Q	O	E	N	R
I	I	D	V	I	R	O	A	F	G	R	M	D	H	J	P	N	Y	L	R
B	Y	W	U	W	N	R	F	D	R	O	W	M	E	O	B	A	V	I	Y
I	N	Q	H	N	K	B	R	Y	G	B	C	A	L	H	T	D	S	H	K
U	U	R	F	M	S	Y	Z	S	U	E	O	N	E	N	J	T	A	W	H
C	C	G	W	Q	V	L	T	S	F	R	F	W	N	L	Q	E	A	B	I
U	Y	G	H	R	A	J	H	K	J	T	F	D	E	E	Q	R	I	S	C
K	V	X	I	U	W	W	C	G	M	S	I	L	P	L	G	R	Y	J	K
N	M	G	T	H	H	U	X	S	F	R	N	C	A	D	H	I	V	I	O
J	F	E	M	A	E	M	C	L	A	R	K	E	R	R	W	T	X	K	X
M	R	C	C	A	S	E	Y	A	M	A	C	G	R	E	G	O	R	E	A
J	G	K	E	W	G	G	L	H	O	R	Y	E	I	D	U	R	T	Y	J
T	E	R	R	I	T	O	R	Y	C	N	X	R	S	G	C	Y	W	F	P
R	E	E	D	I	H	O	W	E	S	F	F	U	H	E	V	U	Y	E	H

ARIZONA
CASEY MACGREGOR
HELEN PARRISH
MAE CLARKE
TERRITORY
ARIZONA TERRITORY
HARRY HICKOX
JOHN ELDREDGE
REED HOWES
TRISTRAM COFFIN
BUSHWHACKER
HARRY LAUTER
LEE ROBERTS
ROBERT LOWERY
WES HUDMAN

THE COWBOYS #1

X	N	M	D	E	W	N	S	J	H	R	Y	W	F	B	T	S	B	Q	F
M	O	N	I	C	A	E	G	A	Y	L	E	T	T	I	D	Z	R	M	N
J	D	G	G	S	L	J	C	U	P	I	P	P	A	S	S	C	O	T	T
O	Z	O	J	Q	T	Y	W	S	P	U	C	N	R	T	N	S	B	J	E
O	E	O	B	E	E	O	Y	L	D	G	A	E	A	Y	E	R	E	A	Q
H	T	Q	Q	Q	R	I	A	P	G	W	E	F	I	S	W	N	R	C	W
L	K	U	H	B	A	R	T	G	O	W	F	Y	O	F	N	L	T	K	S
W	P	F	X	C	B	M	Y	L	L	O	H	G	Z	I	B	Q	O	X	S
S	V	E	E	H	R	Y	F	F	R	O	U	P	F	P	J	C	P	P	V
O	F	L	O	U	O	E	C	D	W	N	W	E	F	S	R	J	C	E	Y
R	R	I	J	L	O	A	U	B	N	I	R	A	C	J	D	W	O	R	O
T	M	P	Q	M	K	R	W	E	Y	B	L	R	Z	S	L	O	N	K	L
L	K	E	M	L	E	I	M	H	L	T	X	L	K	J	T	T	T	I	Q
L	Z	E	P	P	F	N	Q	E	C	E	D	B	S	C	K	G	R	N	T
M	Z	T	P	M	W	K	S	E	A	N	B	K	E	L	L	Y	E	S	Q
G	Z	U	X	V	I	K	D	V	H	B	C	O	I	K	F	W	R	Y	I
H	G	R	E	G	O	R	Y	O	W	A	L	C	O	T	T	Q	A	P	H
A	J	I	M	F	D	A	V	I	S	S	J	L	M	U	F	H	S	X	C
F	B	C	F	T	V	D	W	U	Y	U	K	G	Z	P	B	O	G	Y	V
J	O	H	N	Z	H	A	R	M	O	N	H	C	Y	A	M	K	H	N	M

FELIPE TURICH
JACK PERKINS
JIM DAVIS
MOSES GUNN
SEAN KELLY
GREGORY WALCOTT
JENNIFER LESKO
JOHN HARMON
PIPPA SCOTT
STAFFORD REPP
IAN WOLFE
JERRY WILLS
MONICA GAYLE
ROBERTO CONTRERAS
WALTER BROOKE

CUSTER #1

J	Q	N	M	R	I	L	H	L	M	S	A	Y	F	F	M	W	T	R	Y
O	X	M	P	I	H	O	J	G	O	R	V	D	D	N	D	K	U	K	W
E	P	U	G	T	U	D	X	W	K	Y	Z	Q	O	M	W	O	V	A	I
R	S	E	I	E	H	J	S	A	D	I	J	V	J	B	F	K	S	T	L
J	F	Y	V	O	N	N	E	W	D	E	C	C	A	R	L	O	O	H	L
T	B	B	U	R	R	N	D	E	B	E	N	N	I	N	G	E	P	L	I
K	X	O	M	R	A	O	W	T	S	L	F	D	P	U	D	I	Y	E	A
O	Y	S	W	F	S	Z	A	M	O	L	P	V	A	B	W	O	W	E	M
M	F	D	T	C	G	B	R	A	G	O	J	I	T	A	P	K	I	N	T
G	Y	U	K	I	S	I	D	L	P	Y	J	H	R	R	H	C	L	D	W
G	T	O	D	U	O	J	L	B	D	D	A	I	I	B	I	Q	L	N	I
R	U	S	C	J	J	A	M	E	S	V	M	C	C	A	L	L	I	O	N
L	S	Q	I	U	X	M	U	R	U	B	E	K	I	R	I	Z	A	L	D
O	D	M	A	B	Q	E	L	T	D	O	S	G	A	A	P	Y	M	A	O
O	L	X	B	A	Q	S	H	B	G	C	Y	H	A	I	O	Y	M	N	M
T	R	T	P	Q	G	U	A	S	S	H	C	I	H	H	C	W	S	N	I
H	Z	R	H	E	V	D	R	A	B	N	R	L	A	A	A	G	M	Y	R
U	U	P	C	W	L	A	E	L	Y	E	A	L	R	L	R	D	I	Y	S
Y	W	Z	K	R	M	L	P	M	T	R	I	T	T	E	E	N	T	R	K
Y	J	D	U	H	K	Y	U	I	V	R	G	U	Y	A	Y	Q	H	L	B

ALBERT SALMI
EDWARD MULHARE
JAMES DALY
LLOYD BOCHNER
WILLIAM SMITH
BARBARA HALE
HICK HILL
JAMES MCCALLION
PATRICIA HARTY
WILLIAM WINDOM
BURR DEBENNING
JAMES CRAIG
KATHLEEN NOLAN
PHILIP CAREY
YVONNE DE CARLO

DANIEL BOONE #1

W	N	N	Q	H	T	O	V	C	V	H	H	X	Z	H	A	D	M	U	N
H	H	B	E	W	W	M	O	J	S	N	S	R	H	O	Z	G	G	J	U
E	W	I	D	D	Q	D	S	M	I	G	G	I	A	J	C	H	T	C	G
T	X	A	R	U	C	U	K	F	E	S	I	Y	C	F	N	A	A	S	B
T	H	O	M	A	S	L	W	F	B	L	A	C	K	B	U	R	N	K	S
I	S	M	S	W	B	Q	R	Z	B	D	Q	D	U	K	F	R	V	R	T
D	O	N	J	I	N	G	A	L	L	S	L	Z	D	P	J	Y	L	D	N
O	P	L	L	V	Z	U	D	D	Z	L	J	U	I	D	R	O	W	E	B
N	P	N	N	D	R	O	B	E	R	T	M	D	K	W	E	B	B	N	X
Z	A	L	E	X	F	N	I	C	O	L	Y	U	I	J	D	A	Q	O	D
B	U	T	R	U	M	A	N	U	C	L	A	Y	T	A	J	S	G	A	F
A	L	I	H	J	C	V	F	N	S	B	K	C	L	U	V	C	F	G	U
L	Y	C	M	A	U	R	I	C	E	K	G	E	R	A	G	H	T	Y	K
L	L	F	E	C	N	K	Y	V	X	D	M	F	P	M	Q	S	Q	B	A
U	A	H	C	K	U	U	M	G	H	U	R	F	X	X	J	B	W	F	U
C	N	A	X	C	O	N	J	E	A	N	D	B	R	I	G	H	T	U	I
K	D	G	C	G	S	A	M	U	E	L	F	R	O	E	C	A	Y	B	X
I	R	U	B	U	R	O	B	E	R	T	I	T	O	T	T	E	N	K	Q
A	E	Y	J	S	G	L	S	F	R	A	N	K	V	L	N	M	O	S	S
I	S	B	K	S	C	G	K	D	Q	V	N	B	T	E	J	J	I	N	I

ALEX NICOL
FRANK L MOSS
JEAN BRIGHT
PAUL LANDRES
SAMUEL ROECA

DON BALLUCK
HARRY BASCH
MAURICE GERAGHTY
ROBERT D WEBB
THOMAS W BLACKBURN

DON INGALLS
JACK GUSS
NATHAN JURAN
ROBERT TOTTEN
TRUMAN CLAY

DEAD MANS GUN #1

D	S	W	L	N	L	O	H	V	X	K	T	F	I	T	V	P	D	W	U
U	K	H	F	K	P	T	D	Q	M	B	D	E	N	G	B	T	C	E	I
V	G	W	Z	J	X	L	P	X	J	A	Q	B	X	Q	I	L	I	R	N
Q	B	R	T	P	H	H	C	Z	D	C	X	N	Q	H	C	D	G	Z	A
V	J	O	H	N	B	E	A	R	C	U	R	T	I	S	N	F	B	E	D
O	I	B	Y	P	M	O	A	D	R	I	E	N	R	D	O	R	V	A	L
Q	M	A	R	Y	A	B	L	A	C	K	J	H	D	T	O	B	V	I	Z
N	K	R	L	F	T	Z	N	R	Z	W	G	A	J	B	F	Y	C	R	J
K	S	T	K	E	N	O	T	R	E	M	B	L	E	T	T	E	O	O	P
E	H	Z	Z	L	X	G	W	G	D	K	W	R	O	O	S	B	H	N	A
Y	I	A	K	R	L	Y	L	F	O	E	T	N	M	Q	E	N	A	N	B
U	E	N	H	U	V	U	B	Y	Q	D	A	K	U	R	R	B	L	I	L
A	L	D	B	V	T	I	A	R	T	O	B	N	T	R	W	S	L	E	O
I	D	E	P	Y	P	Y	B	H	U	U	V	U	K	M	E	L	G	A	L
J	Q	R	H	T	N	D	U	J	T	H	W	T	G	W	Y	U	B	W	C
Q	D	S	O	Y	R	R	R	L	L	I	A	B	F	C	R	B	M	A	O
A	Z	O	Y	T	S	A	E	Z	S	Y	S	N	R	J	R	A	E	Y	F
A	S	N	M	T	D	R	Y	D	L	S	A	O	S	Z	H	K	Y	E	F
D	O	D	O	L	P	Q	E	O	E	U	F	M	B	K	K	F	Z	Y	E
H	F	N	J	R	T	N	R	Z	J	T	I	P	D	G	I	H	R	I	Y

ADRIEN DORVAL
BILL CROFT
JOHNBEARCURTIS
MARY BLACK
ROBERT WISDEN

ALEX BRUHANSKI
DEAN WRAY
JOHN R TAYLOR
PABLO COFFEY
RONNIE WAY

BART ANDERSON
JIM SHIELD
KEN TREMBLETT
ROBERT THURSTON
TOM BUTLER

DEAD MANS WALK #1

C	Z	M	A	G	G	I	E	B	T	I	L	T	O	N	L	H	G	Y	E
H	Y	A	U	G	U	S	T	U	S	Z	M	C	C	R	A	E	S	Q	R
F	E	J	P	Q	R	N	V	X	Q	Q	O	O	A	L	D	J	T	F	U
Q	L	O	N	G	Q	B	I	L	L	J	F	Y	P	X	Y	L	N	F	J
N	T	R	Z	G	N	Q	V	J	F	R	R	D	T	A	T	O	S	D	S
F	B	N	Y	I	I	K	V	H	G	M	Z	M	A	P	L	C	U	K	Y
B	I	L	L	E	G	I	T	I	M	A	T	E	I	I	U	K	C	U	C
T	G	A	T	I	K	C	E	S	R	T	A	X	N	E	C	O	G	U	A
X	F	R	L	L	V	K	X	C	S	I	Q	I	H	D	I	Y	W	T	O
X	O	O	Y	U	J	I	A	F	W	L	L	C	S	P	N	J	D	G	W
G	O	C	N	D	N	N	S	S	C	D	U	A	A	Y	D	U	Z	O	K
U	T	H	S	I	X	G	F	W	H	A	L	N	L	Q	A	F	C	U	Y
Y	I	E	D	B	Z	O	R	Q	U	Q	X	W	A	T	S	Z	H	A	U
J	W	I	L	L	Y	W	A	D	B	R	C	A	Z	L	C	R	W	K	V
T	A	B	L	X	S	O	N	D	B	O	L	R	A	S	A	Y	Q	W	Q
C	L	P	V	B	N	L	G	H	O	B	W	M	R	G	R	Z	K	A	M
Z	L	H	J	E	N	F	E	S	O	E	J	Y	L	L	E	X	C	N	O
W	A	N	K	L	D	Q	R	L	R	R	M	O	Z	F	Y	K	M	V	K
M	C	I	Z	L	U	H	P	I	V	T	I	F	I	I	D	H	L	T	H
L	E	P	N	J	I	Z	R	S	U	S	H	A	D	R	A	C	H	T	Z

AUGUSTUS MCCRAE
ILLEGITIMATE
LONG BILL
MATILDA ROBERTS
SHADRACH

BIGFOOT WALLACE
KICKING WOLF
MAGGIE TILTON
MEXICAN ARMY
TEXAS RANGER

CAPTAIN SALAZAR
LADY LUCINDA CAREY
MAJOR LAROCHE
MRS CHUBB
WILLY

DEADWOOD #1

P	P	U	M	U	S	T	G	V	P	G	J	A	Y	F	K	G	G	O	Z
I	S	L	P	U	G	D	A	M	D	D	T	B	B	H	R	H	L	K	A
G	T	O	M	J	V	R	R	J	Q	E	J	G	F	K	I	O	M	O	C
K	E	A	B	H	L	O	C	B	Q	A	G	U	L	A	R	X	I	C	H
K	P	R	O	V	Y	K	R	X	Z	O	A	W	V	R	L	A	C	K	Y
V	H	A	J	M	L	I	B	X	C	Q	M	Y	V	I	F	F	H	R	G
H	E	Y	I	S	A	R	A	H	C	P	A	U	L	S	O	N	A	N	R
T	N	X	M	N	R	R	F	Z	V	Z	G	M	P	U	C	U	E	A	E
C	Z	M	I	S	R	S	F	A	L	I	X	C	M	G	X	F	L	L	N
W	T	C	B	K	Y	K	Q	G	G	S	J	K	K	T	T	P	M	I	I
W	O	K	E	J	X	U	P	F	O	J	E	H	E	B	H	X	H	C	E
X	B	I	A	K	C	U	W	Q	E	O	G	D	R	R	M	D	A	E	R
H	O	N	V	Y	E	C	N	H	N	B	D	I	R	X	K	V	R	V	U
X	L	N	E	T	D	H	J	E	J	A	I	I	A	G	O	L	N	K	Y
W	O	O	R	X	A	Z	W	I	W	P	C	P	N	L	W	K	E	R	Q
D	W	N	I	Y	R	Y	J	R	Q	H	I	U	G	G	P	Y	Y	I	P
X	S	N	V	D	O	P	E	T	E	R	U	J	A	S	O	N	T	G	D
E	K	P	W	U	V	A	D	S	F	A	P	X	V	G	E	O	A	E	Q
S	Y	L	N	T	I	M	O	T	H	Y	H	O	L	Y	P	H	A	N	T
V	I	G	J	E	N	N	I	F	E	R	K	L	U	T	H	E	R	A	N

ALICE KRIGE
JIM BEAVER
MICHAEL HARNEY
RALPH RICHESON
STEPHEN TOBOLOWSKY
BRIAN COX
KEONE YOUNG
OMAR GOODING
RAY MCKINNON
TIMOTHY OLYPHANT
JENNIFER LUTHERAN
LARRY CEDAR
PETER JASON
SARAH PAULSON
ZACH GRENIER

DEATH VALLEY DAYS #1

N	O	P	L	L	F	X	R	C	L	R	N	T	F	L	N	W	D	H	B
W	K	X	H	H	Z	O	H	Y	L	U	L	C	H	H	K	Q	K	A	W
R	I	C	H	A	R	D	W	W	H	O	R	F	B	M	K	V	I	O	B
A	Z	L	A	W	R	E	N	C	E	T	D	O	B	K	I	N	M	C	O
L	B	U	L	A	Q	A	D	E	P	A	Y	Y	E	U	V	G	W	P	J
P	U	V	W	I	Y	J	E	A	N	M	Y	A	R	B	R	O	U	G	H
H	D	J	O	I	A	V	N	I	I	O	T	Y	H	W	U	R	J	H	A
J	L	T	M	B	O	M	E	G	H	V	B	B	X	F	F	O	B	E	L
L	T	S	D	D	L	L	P	N	K	V	X	E	U	X	Z	T	B	D	N
E	O	S	Z	N	G	S	I	D	N	E	Y	G	S	A	L	K	O	W	C
V	W	Y	Y	D	M	A	A	E	U	Q	A	H	Z	L	L	A	R	A	O
Y	N	R	A	Z	D	C	H	N	L	F	P	C	M	F	G	J	I	R	O
G	S	R	R	W	U	H	V	V	B	H	A	L	I	E	U	Q	S	D	P
R	E	R	R	E	V	C	C	E	J	W	D	R	I	C	P	Y	U	E	E
P	N	I	H	Z	X	H	E	R	U	K	V	H	A	L	Q	D	S	L	R
D	D	L	D	J	A	C	K	X	S	H	E	A	W	L	Q	V	A	U	V
Q	J	J	A	L	S	H	K	P	X	G	J	N	X	Z	L	J	G	D	Z
C	W	I	C	X	C	U	D	Y	W	I	H	D	G	Q	E	A	A	L	G
G	L	E	E	E	S	H	O	L	E	M	J	J	F	F	H	Z	L	U	Z
U	H	L	R	J	K	S	T	E	P	H	E	N	V	L	O	R	D	M	Q

BORIS SAGAL
DENVER PYLE
JACK SHEA
LEE SHOLEM
SIDNEY SALKOW

BUD TOWNSEND
EDWARD LUDLUM
JEAN YARBROUGH
RALPH LEVY
STEPHEN LORD

DANIEL DARE
HAL COOPER
LAWRENCE DOBKIN
RICHARD WHORF
WILLIAM D FARALLA

DESTRY #1

K	Q	L	J	D	D	X	H	W	D	A	W	F	U	W	M	N	K	H	A
Q	D	L	S	B	V	T	H	Y	N	H	J	E	V	Z	K	T	J	L	X
V	W	U	U	T	G	B	Y	Q	X	B	D	T	T	L	P	I	V	G	J
C	T	D	S	P	E	D	M	R	C	X	C	H	J	E	O	D	Y	L	T
F	F	R	A	N	K	M	A	L	B	E	R	T	S	O	N	N	I	G	L
S	V	G	N	V	K	K	H	G	Y	F	Q	I	W	D	L	J	P	U	A
I	V	L	R	H	L	Y	B	L	N	D	U	G	N	Y	L	U	Z	X	I
C	B	R	O	D	E	R	I	C	K	E	C	R	A	W	F	O	R	D	Q
L	E	C	L	K	U	O	Q	J	O	H	N	M	G	A	V	I	N	Q	R
Y	N	P	I	V	I	R	Q	F	E	S	S	X	P	A	R	K	E	R	T
R	K	L	V	U	B	O	Y	D	Z	R	E	D	X	M	O	R	G	A	N
P	W	K	E	L	I	S	H	A	M	C	O	O	K	D	J	R	G	I	F
R	O	P	R	V	R	S	H	A	R	Y	J	M	A	R	S	H	A	L	L
P	N	P	T	A	M	M	Y	G	G	R	I	M	E	S	N	K	Q	S	W
O	O	J	W	A	F	V	M	Y	X	P	A	U	L	C	B	I	R	C	H
F	O	C	E	Q	T	O	R	I	N	X	T	H	A	T	C	H	E	R	I
J	U	C	O	H	T	T	J	O	H	N	E	A	T	A	L	O	N	Z	O
J	P	U	A	T	H	I	L	P	U	E	L	X	U	T	S	X	W	J	E
O	O	M	C	C	H	A	R	L	E	S	C	M	A	C	A	U	L	A	Y
H	C	Y	C	F	L	A	W	R	E	N	C	E	L	D	O	B	K	I	N

BOYD RED MORGAN
BRODERICK CRAWFORD
CHARLES MACAULAY
ELISHA COOK JR
FESS PARKER
FRANK ALBERTSON
JEROME COWAN
JOHN A ALONZO
JOHN GAVIN
LAWRENCE DOBKIN
PAUL BIRCH
SHARY MARSHALL
SUSAN OLIVER
TAMMY GRIMES
TORIN THATCHER

DICK POWELLS ZANE GREY THEATRE #1

S	C	W	N	O	W	O	I	S	L	G	A	H	L	T	O	Q	D	L	J
V	U	G	S	L	P	I	B	S	B	T	U	X	E	G	K	I	E	P	H
N	V	H	X	D	H	R	Y	X	W	Z	F	L	D	C	P	M	N	J	I
H	Q	X	L	O	M	L	I	D	I	F	P	K	G	W	R	D	V	G	L
X	A	G	Z	O	C	X	M	L	C	W	V	N	N	C	N	S	E	P	U
R	I	C	H	A	R	D	G	S	H	A	N	N	O	N	V	U	R	O	W
J	O	H	N	S	D	E	H	N	E	R	I	H	P	D	X	B	K	Y	N
O	T	R	A	K	G	H	H	K	L	B	Q	L	P	V	L	I	P	M	Z
H	T	I	B	R	A	Y	M	O	N	D	U	B	A	I	L	E	Y	G	Z
N	Z	S	G	A	R	Y	C	M	E	R	R	I	L	L	D	I	L	K	D
Y	O	U	L	E	H	Y	V	R	N	S	K	E	G	X	R	B	E	K	B
P	T	A	J	O	H	N	B	F	A	L	V	O	G	I	E	A	L	D	I
I	R	L	E	R	R	W	I	L	L	I	A	M	M	H	E	N	R	Y	L
C	F	C	T	Z	I	S	J	M	A	R	S	H	A	E	H	U	N	T	L
K	I	A	H	C	S	L	W	H	N	U	I	E	Y	L	K	A	B	R	V
A	H	I	Z	M	D	C	S	W	A	L	T	E	R	M	S	A	N	D	E
R	Q	D	D	D	A	B	B	S	X	G	R	E	E	R	W	X	B	C	R
D	V	E	B	E	V	E	R	L	Y	W	G	A	R	L	A	N	D	Q	W
R	H	I	T	U	X	U	R	H	M	A	Z	E	L	C	T	D	E	Q	I
Q	V	O	Y	P	C	A	R	D	U	W	A	W	H	U	K	S	R	T	N

BEVERLY GARLAND
DABBS GREER
HARRY LAUTER
JOHN PICKARD
RICHARD SHANNON

BILL ERWIN
DENVER PYLE
JOHN DEHNER
MARSHA HUNT
WALTER SANDE

CHRIS ALCAIDE
GARY MERRILL
JOHN FALVO
RAYMOND BAILEY
WILLIAM HENRY

DIRTY SALLY #1

R	X	Y	I	G	S	M	O	B	O	A	H	F	E	F	F	I	P	R	M
D	C	M	B	E	R	N	A	R	D	L	F	O	X	Y	W	N	X	A	Y
N	H	T	B	N	Z	O	B	V	S	S	U	L	U	O	P	N	V	Q	E
K	T	I	E	E	A	W	G	T	Y	U	W	Q	O	H	P	H	E	Z	Y
L	O	Q	U	Q	E	L	L	E	A	D	T	D	Y	W	V	B	M	C	R
S	X	F	L	E	N	R	J	F	R	K	Y	M	K	Z	I	A	M	J	F
A	P	Z	A	V	S	R	J	A	V	W	I	H	Y	R	R	R	O	U	O
R	H	B	H	A	N	L	Z	M	C	C	B	C	L	K	V	H	G	L	U
A	J	G	H	N	F	Z	J	H	H	K	J	O	N	G	N	W	U	I	E
H	Y	D	B	S	A	B	A	E	A	A	I	E	W	J	C	S	W	E	W
C	L	K	O	Z	O	M	L	T	C	R	D	E	J	E	C	M	V	U	W
K	T	Y	N	H	B	E	G	K	A	W	O	I	L	O	N	D	T	C	T
E	V	H	D	L	Q	A	Q	N	A	J	F	L	T	C	P	Q	O	O	B
N	J	R	I	C	O	C	A	R	R	O	T	T	D	I	O	R	P	B	C
N	R	S	A	F	O	J	D	I	X	Q	L	L	R	U	C	O	W	B	S
E	S	R	R	L	L	J	C	V	A	B	E	K	W	D	G	K	G	L	R
D	E	T	L	H	H	M	G	I	R	A	P	N	K	M	U	O	M	A	L
Y	Y	I	P	A	C	R	L	A	P	D	J	Q	R	J	T	D	U	L	N
S	N	H	L	F	U	Y	D	W	A	M	G	B	E	N	R	W	C	L	I
S	A	L	N	V	M	Y	O	N	M	J	E	J	O	C	X	B	H	J	D

BERNARD FOX	BEULAH BONDI	GENE EVANS
HAROLD GOULD	JACKIE COOGAN	JACK COLLINS
JOHN J FOX	JULIE COBB	MARK EDWARD HALL
MICHELE CAREY	RIC CARROTT	ROGER BOWEN
SARAH KENNEDY	SCOTT BRADY	WOODY CHAMBLISS

DR QUINN MEDICINE WOMAN #1

I	B	X	N	J	J	F	B	Y	B	T	V	T	D	P	L	T	N	F	R
I	Y	M	K	N	R	F	A	L	A	P	N	A	G	I	N	J	P	Q	A
X	O	N	L	T	K	L	Z	G	W	F	T	E	J	K	J	A	Y	O	E
Q	Q	C	C	T	D	G	E	O	F	F	R	E	Y	Z	L	O	W	E	R
F	R	A	N	K	G	C	O	L	L	I	S	O	N	U	J	B	X	H	A
U	U	W	Y	L	V	W	B	B	K	X	C	P	W	E	Z	L	F	D	K
Z	Z	Q	L	M	S	R	R	A	W	O	X	K	S	D	B	K	I	Y	M
O	B	L	S	U	O	L	A	C	V	N	I	U	U	D	S	H	G	A	L
B	J	J	G	H	V	F	J	A	M	E	S	E	S	T	U	A	R	T	U
W	P	O	A	J	L	A	R	R	Y	R	S	E	L	L	E	R	S	V	K
I	A	L	R	O	D	A	V	I	D	Q	B	A	N	U	E	L	O	S	I
B	H	V	R	I	J	A	N	E	Y	S	E	Y	M	O	U	R	I	Z	C
S	D	E	N	A	V	W	S	H	A	W	N	M	T	O	O	V	E	Y	W
T	S	C	Y	C	H	A	D	O	A	L	L	E	N	N	H	P	G	K	M
A	L	E	X	A	N	D	R	I	A	N	C	A	L	A	B	R	E	S	E
X	X	K	P	T	E	P	B	B	U	Z	S	P	O	S	N	S	B	T	N
L	E	L	I	N	O	R	C	D	O	N	A	H	U	E	K	I	D	S	H
X	J	A	S	O	N	D	L	E	L	A	N	D	Q	A	D	A	M	S	W
P	G	A	I	L	C	S	T	R	I	C	K	L	A	N	D	G	P	S	L
O	R	S	O	N	Y	B	E	A	N	P	I	D	A	J	C	M	D	G	H

ALEXANDRIA CALABRESE
ELINOR DONAHUE
GAIL STRICKLAND
JANE SEYMOUR
LARRY SELLERS
CHAD ALLEN
ERIKA FLORES
GEOFFREY LOWER
JASON LELAND ADAMS
ORSON BEAN
DAVID BANUELOS
FRANK COLLISON
JAMES STUART
JESUS DESANTIAGO
SHAWN TOOVEY

DUNDEE AND THE CULHANE #1

Z	B	Y	K	H	X	B	H	Q	Y	F	J	D	I	X	G	D	N	U	Y
B	E	C	X	A	K	Z	Q	S	M	J	N	S	V	I	V	I	Y	W	P
A	W	I	W	F	H	N	K	E	J	B	B	K	U	E	K	C	X	V	C
M	B	W	U	W	C	D	J	I	Z	B	B	Y	J	N	X	Y	Q	V	D
K	C	H	A	R	L	E	S	Y	B	R	O	N	S	O	N	W	O	S	V
D	A	N	A	O	W	Y	N	T	E	R	A	D	G	O	U	R	A	A	B
J	R	A	L	P	H	D	M	E	E	K	E	R	W	Q	F	G	B	K	O
L	R	X	B	E	Z	X	F	O	V	Q	L	H	D	Y	Q	V	T	B	V
D	O	N	N	E	L	L	Y	P	R	H	O	D	E	S	H	C	G	M	B
U	L	N	O	Y	N	D	C	O	P	Y	H	L	E	A	V	T	X	P	C
B	L	I	N	G	R	I	D	I	P	I	T	T	R	C	X	Q	U	K	O
G	N	O	X	Y	I	G	N	A	Z	G	P	H	Z	J	N	T	C	S	Q
T	O	S	A	M	V	M	E	L	V	I	L	L	E	Y	S	U	P	Q	T
A	C	Y	A	M	I	C	H	A	E	L	W	B	U	R	N	S	C	H	R
Y	O	D	Z	U	J	O	H	N	C	M	C	I	N	T	I	R	E	A	C
L	N	Q	B	F	S	T	U	A	R	T	J	R	A	N	D	A	L	L	V
O	N	F	L	S	N	L	G	P	P	L	W	Z	T	E	R	J	L	L	W
R	O	H	X	W	I	L	L	I	A	M	V	C	A	M	P	B	E	L	L
Y	R	K	H	L	D	T	I	G	E	Z	A	N	D	R	E	W	S	H	Z
Z	B	L	I	N	S	T	U	A	R	T	G	N	I	S	B	E	T	I	O

CARROLL OCONNOR
DONNELLY RHODES
JOHN MCINTIRE
RALPH MEEKER
STUART RANDALL
CHARLES BRONSON
DUB TAYLOR
LONNY CHAPMAN
SAM MELVILLE
TIGE ANDREWS
DANA WYNTER
INGRID PITT
MICHAEL BURNS
STUART NISBET
WILLIAM CAMPBELL

DUSTY S TRAIL #1

D	A	P	N	F	A	B	E	F	G	S	S	T	U	J	T	W	E	J	A
I	R	T	Y	I	C	I	M	E	H	X	P	K	K	N	F	I	V	K	F
F	I	W	Y	L	Q	M	K	J	H	A	K	N	T	M	J	E	G	K	T
W	C	I	V	O	R	Z	F	R	A	N	C	I	S	N	C	I	S	V	T
G	F	R	U	D	Y	D	D	I	A	Z	O	Z	X	A	H	Q	Q	C	Q
Z	B	O	B	H	D	E	N	V	E	R	C	C	D	R	A	J	W	J	D
X	I	N	I	Y	W	I	L	L	I	A	M	C	C	O	R	T	I	B	X
H	L	B	L	I	B	O	B	J	A	Y	A	W	E	B	L	B	L	L	C
O	L	E	L	N	K	T	G	H	Z	F	T	Y	S	E	E	E	L	E	X
N	Y	Y	Y	V	D	Z	Q	R	T	O	T	L	A	R	S	A	I	B	E
R	L	E	S	Q	K	P	V	G	G	R	H	Q	R	T	O	D	A	Z	P
X	B	S	B	E	A	J	E	T	W	D	E	V	E	U	D	N	M	B	P
C	L	C	A	W	F	N	B	A	D	G	W	P	B	P	I	N	E	Q	O
E	A	C	R	C	R	K	X	N	K	B	N	K	D	R	E	H	S	E	T
B	C	O	T	T	K	X	D	H	M	A	K	N	A	O	R	U	T	A	H
C	K	D	Y	K	D	U	W	O	H	R	N	E	N	H	K	H	E	R	Z
H	M	Y	K	Q	G	U	L	Z	M	N	O	Y	O	A	O	F	V	S	R
J	O	E	Y	D	S	I	N	D	A	E	X	I	V	S	P	P	E	C	J
T	L	N	E	E	R	X	N	G	V	S	R	F	A	K	B	H	N	R	Y
N	E	H	X	U	X	K	D	A	V	I	D	D	P	A	R	I	S	H	T

BILLY BARTY
CESARE DANOVA
IRON EYES CODY
MATTHEW KNOX
RUDY DIAZ

BILLY BLACKMOLE
CHARLES DIERKOP
IVOR FRANCIS
RAYFORD BARNES
WILLIAM CORT

BOB DENVER
DAVID PARISH
JOEY SINDA
ROBERT PROHASKA
WILLIAM STEVENS

EMPIRE #1

N	F	O	B	O	O	Q	A	J	C	P	Z	L	V	V	J	G	H	C	N
B	Z	Q	U	U	M	P	B	T	Z	R	C	Y	Z	P	T	N	F	X	J
F	A	V	W	O	J	Z	H	Q	U	V	M	Z	U	C	D	M	Q	O	F
W	W	H	N	N	B	Q	T	M	C	U	G	I	C	X	S	F	J	M	J
Q	T	B	F	D	S	C	M	Y	B	X	I	Y	V	I	W	P	W	O	J
C	W	A	R	R	E	N	R	V	A	N	D	E	R	S	M	C	L	X	I
G	R	R	O	B	E	R	T	V	A	N	D	E	R	S	O	N	Q	Q	M
F	T	R	H	A	R	O	L	D	R	G	O	U	L	D	Z	U	M	V	T
N	R	Y	W	A	L	T	E	R	L	B	R	O	O	K	E	A	R	W	B
T	Y	I	P	F	R	A	N	K	U	G	O	R	S	H	I	N	O	I	O
Z	E	A	K	A	X	V	M	S	U	Z	I	V	C	A	R	N	E	L	L
E	E	T	I	S	C	C	E	D	G	B	E	G	L	E	Y	E	N	L	E
K	Q	W	C	O	Q	G	Y	Y	K	N	L	J	R	W	E	Q	J	A	S
P	W	A	F	U	B	I	L	L	V	W	A	L	K	E	R	S	U	R	J
B	L	T	A	T	Z	T	Y	U	C	K	U	L	A	T	C	E	M	D	C
O	D	E	X	T	E	R	K	D	U	P	O	N	T	Z	Z	Y	G	X	N
E	A	R	W	R	O	Y	L	B	A	R	C	R	O	F	T	M	Q	S	N
R	V	M	L	D	A	R	L	N	Y	N	U	N	M	I	J	O	J	A	J
U	P	J	M	M	L	V	Q	B	W	N	W	V	G	A	A	U	Z	G	Z
R	W	J	O	J	D	W	N	A	R	E	H	M	A	D	N	R	E	E	B

ANNE SEYMOUR
DEXTER DUPONT
HAROLD GOULD
ROBERT ANDERSON
WALTER BROOKE
BARRY ATWATER
ED BEGLEY
HARVEY KORMAN
ROY BARCROFT
WARREN VANDERS
BILL WALKER
FRANK GORSHIN
JIM BOLES
SUZI CARNELL
WILLARD SAGE

F TROOP #1

F	N	X	Q	H	X	P	K	Q	W	E	M	A	H	A	W	A	M	S	A
O	Z	A	M	P	W	T	Q	F	D	C	I	Y	M	N	V	I	J	H	G
Q	K	N	J	Q	M	L	L	O	U	H	W	I	L	L	S	U	J	R	N
A	O	P	G	L	N	H	Z	S	O	D	C	J	L	Z	F	A	A	L	O
K	Q	S	A	Q	X	Q	A	V	X	F	O	E	E	I	C	G	W	A	C
N	X	W	U	D	U	K	B	V	M	E	S	N	E	K	T	I	I	R	D
S	T	H	S	L	L	Z	L	Y	M	V	G	O	E	O	H	T	L	R	Z
U	M	T	O	G	E	J	F	B	B	U	I	D	M	B	B	M	L	Y	J
R	Z	O	G	S	N	Y	R	R	F	Y	E	H	E	E	E	O	A	Y	A
U	W	N	M	N	A	O	O	E	Y	P	W	M	R	N	H	D	R	S	C
A	E	Y	T	M	O	W	K	W	M	I	G	A	I	N	I	A	D	T	K
D	V	E	Q	K	N	A	Y	A	L	E	M	X	W	Y	H	P	O	O	I
W	G	M	S	T	Y	I	V	L	L	E	B	Y	E	A	P	B	W	R	E
O	X	A	J	M	T	E	I	C	P	N	N	L	T	B	A	T	A	C	X
N	C	R	Y	V	K	A	M	K	H	J	O	Z	H	A	K	D	T	H	J
X	G	T	J	A	M	I	E	X	F	A	R	R	E	K	U	H	E	T	O
N	K	I	H	S	W	G	D	M	T	D	B	T	R	E	X	N	R	W	S
X	M	N	S	V	J	I	M	M	I	E	G	H	O	R	A	N	M	Q	E
G	M	E	L	O	D	Y	A	P	A	T	T	E	R	S	O	N	A	D	P
O	A	Z	X	U	P	G	M	Y	K	G	V	B	I	R	F	B	N	R	H

BENNY BAKER
JACK DE MAVE
JOE BROOKS
LES BROWN JR
TOM WILLIAMS

DON BEDDOE
JAMIE FARR
LARRY STORCH
LOU WILLS JR
TONY MARTINEZ

JACKIE JOSEPH
JIMMIE HORAN
LEE MERIWETHER
MELODY PATTERSON
WILLARD WATERMAN

FRONTIER #1

R	C	N	V	C	H	L	D	K	L	K	Z	O	O	T	V	P	V	D	L
W	D	X	X	H	H	Y	I	B	V	G	K	U	B	S	I	X	I	A	A
L	V	V	C	P	P	S	F	W	L	G	P	P	L	Y	P	Z	G	J	N
A	F	X	J	E	B	H	M	E	S	H	A	U	I	N	K	G	U	Q	G
N	S	A	U	K	A	T	H	R	Y	N	H	W	I	L	D	E	R	L	I
D	J	E	A	N	Y	M	I	C	H	E	L	Q	L	E	H	G	A	L	U
O	Q	L	L	D	V	J	K	A	T	I	E	P	M	C	G	R	A	T	H
N	L	N	J	N	W	G	A	R	Y	A	L	E	W	I	S	J	K	L	J
O	M	I	C	H	A	E	L	K	P	A	T	R	I	C	V	X	K	B	E
L	T	A	N	T	O	O	Y	C	A	R	D	I	N	A	L	G	G	J	F
I	Z	B	H	P	W	I	L	L	I	A	M	J	B	E	L	L	E	A	U
B	J	Z	S	D	L	W	V	U	O	N	R	M	Q	L	M	H	C	M	R
O	J	I	C	H	R	I	S	R	E	U	S	T	A	C	E	R	S	I	X
I	A	Z	A	H	N	F	M	C	C	L	A	R	N	O	N	O	F	E	K
R	E	M	Y	E	G	I	R	A	R	D	S	O	U	S	T	Z	Y	B	X
O	C	H	A	R	L	I	E	R	T	O	M	L	I	N	S	O	N	S	V
N	C	G	O	T	S	G	F	C	G	O	K	U	M	L	T	V	A	I	H
V	B	S	H	A	W	N	T	D	O	Y	L	E	C	D	T	B	I	V	F
H	S	X	X	U	I	F	S	N	U	D	J	K	R	S	E	Q	Y	E	R
E	U	C	L	B	V	Y	I	W	E	L	L	N	W	I	P	G	D	S	W

CHARLIE TOMLINSON	CHRIS EUSTACE	DEMETRIUS GROSSE
GARY LEWIS	JAMIE SIVES	JEAN MICHEL LE GAL
KATHRYN WILDER	KATIE MCGRATH	LANDON LIBOIRON
MICHAEL PATRIC	REMY GIRARD	SHAWN DOYLE
TANTOO CARDINAL	WILLIAM BELLEAU	ZAHN MCCLARNON

FATHER MURPHY #1

I	M	C	G	B	P	A	G	Y	U	J	Z	T	T	I	M	S	X	R	F
E	W	U	C	K	A	Z	J	S	R	N	V	L	G	S	A	B	R	K	E
K	F	Y	T	B	V	D	Y	O	N	G	H	I	K	Y	N	W	X	K	B
H	O	C	M	H	B	N	A	F	R	G	I	K	K	X	R	M	H	K	U
S	M	R	I	C	H	A	R	D	Y	B	E	R	G	M	A	N	V	F	H
R	P	C	J	M	Q	H	P	O	W	T	R	Y	H	K	F	U	A	R	S
H	N	T	G	J	G	L	E	N	D	A	W	Y	O	U	N	G	I	A	M
J	W	C	J	O	E	Q	M	A	S	S	E	N	G	A	L	E	W	N	P
G	W	I	J	W	M	E	R	L	I	N	I	O	L	S	E	N	A	K	R
C	W	O	M	K	G	S	P	D	L	G	Z	O	I	A	F	L	R	P	B
Q	H	C	L	E	T	U	S	I	Y	O	U	N	G	V	F	I	R	S	L
Z	N	F	E	N	S	J	A	C	K	N	L	I	L	L	E	Y	E	P	Q
L	H	N	V	I	O	L	T	R	O	Y	X	M	E	L	T	O	N	R	P
K	O	Z	S	R	L	I	S	A	J	T	R	U	S	E	L	O	S	A	M
U	C	H	E	R	B	Z	M	I	T	C	H	E	L	L	O	N	M	G	S
D	V	U	I	U	P	G	Z	G	Y	N	A	F	L	G	E	Y	U	U	P
I	T	W	O	N	P	Y	C	H	A	R	L	E	S	R	T	Y	N	E	R
C	B	F	R	A	N	C	E	S	C	A	H	J	A	R	V	I	S	T	W
D	D	I	B	M	X	E	L	I	Z	A	B	E	T	H	L	H	O	Y	Q
C	K	F	A	R	X	H	S	Y	A	R	Q	X	R	D	Y	W	N	F	Z

CHARLES TYNER
ELIZABETH HOY
GLENDA YOUNG
JOE MASSENGALE
RICHARD BERGMAN
CLETUS YOUNG
FRANCESCA JARVIS
HERB MITCHELL
LISA TRUSEL
TROY MELTON
DONALD CRAIG
FRANK SPRAGUE
JACK LILLEY
MERLIN OLSEN
WARREN MUNSON

FOUR FEATHER FALLS #1

M	I	C	H	A	E	L	B	H	O	L	L	I	D	A	Y	D	P	H	H
D	R	B	X	G	P	Q	M	X	I	N	X	Z	K	Y	G	Q	C	W	U
Y	W	A	L	A	N	T	P	A	T	T	I	L	L	O	N	O	J	T	X
V	W	R	Y	B	B	L	B	Z	B	M	O	E	L	E	N	R	N	W	I
R	M	R	N	J	D	M	F	G	P	R	C	Z	T	A	Q	B	W	C	F
K	I	Y	G	J	Q	C	F	O	Q	P	I	Q	X	N	M	L	G	Z	A
U	R	K	E	D	A	V	I	D	D	E	L	L	I	O	T	T	P	W	E
G	V	G	R	A	N	D	P	A	V	E	B	E	N	E	Z	E	R	W	Y
B	X	R	R	V	I	P	F	A	T	H	E	R	U	M	U	R	P	H	Y
N	L	A	Y	I	G	D	A	R	T	H	U	R	R	P	R	O	V	I	S
O	M	Y	A	D	U	S	T	Y	S	T	H	E	Z	D	O	G	B	T	G
F	K	H	A	U	P	S	H	D	R	C	P	P	N	I	K	I	Z	Q	D
O	O	P	N	G	F	D	E	N	I	S	E	W	B	R	Y	E	R	B	E
E	G	H	D	R	M	A	R	T	H	A	F	M	A	R	J	O	N	E	S
E	Y	S	E	A	U	U	J	F	Y	A	P	R	C	I	O	H	F	O	L
C	P	T	R	H	R	B	U	J	R	F	O	W	J	C	N	R	G	Q	I
P	W	O	S	A	P	H	I	L	I	P	P	W	R	E	S	T	L	E	R
O	Z	P	O	M	H	E	Q	B	O	K	S	Y	V	A	A	N	K	K	H
P	F	Q	N	T	Y	W	W	V	R	Z	D	H	K	Z	F	X	X	U	D
Z	Z	A	B	Z	P	B	F	U	V	M	B	O	U	R	V	F	Q	S	V

ALAN PATTILLO
DAVID ELLIOTT
DUSTY THE DOG
GERRY ANDERSON
MICHAEL HOLLIDAY
ARTHUR PROVIS
DAVID GRAHAM
FATHER
GRANDPA EBENEZER
MURPHY
BARRY GRAY
DENISE BRYER
FATHER MURPHY
MARTHA MA JONES
PHILIP WRESTLER

ANSWER KEYS

ACTION IN THE AFTERNOON #1

														H					
			C	H	R	I	S		K	E	E	G	A	N					
						B	L	A	K	E		R	I	T	T	E	R		
											R								
		M	A	R	Y		E	L	A	I	N	E		W	A	T	T	S	
		M	A	R	V	I	N		S	T	E	P	H	E	N	S			
								S						O					
								S	A	M		K	R	E	S	S	E	N	
						F						M							
					O						A								
				R			J	O	H	N		Z	A	C	H	E	R	L	E
			R	T	O	M	M	Y		F	E	R	G	U	S	O	N		
		E						G											
	S					J	A	C	K		V	A	L	E	N	T	I	N	E
T				B	A	R	R	Y		C	A	S	S	E	L	L			
					F														
			G	I	L	B	E	R	T		T	H	O	M	P	S	O	N	
	C	R	E	I	G	H	T	O	N		S	T	E	W	A	R	T		
W	A	L	T		B	A	R	N	E	S									
	D	A	V	I	D		S	O	R	E	N								

THE ADVENTURES OF BRISCO COUNTY JR #1

					X														
				G	A	R	Y		H	U	D	S	O	N					
		J	O	H	N		W	A	L	C	U	T	T						
					D	A	V	I	D		Y	O	U	S	E				
					E				J								J		
		R			R	A	Y	F	O	R	D		B	A	R	N	E	S	
									H								S		
		L			B				N								S		
		E			E					R							I		
		E			R				A	I							C		
					K				S	C						O	A		
		E			E				T	H					M				
		R			L				I	A				E			T		
		M			E				N	R			T				U		
	T	E	R	R	Y		B	R	A	D	S	H	A	W			C		
		Y			P	E	T	E	R		D	E	N	N	I	S	K		
		E	L	I	Z	A	B	E	T	H		B	A	R	O	N	D	E	S
										E	L	Y		P	O	U	G	E	T
								C	A	R	L	T	O	N		C	U	S	E
										D									

THE ADVENTURES OF CHAMPION #1

									J	O	H	N		C	A	S	O	N	
																T			
				G	L	E	N	N		S	T	R	A	N	G	E			
																V	J		
R																E	O		
O																	H		
Y																C	N	C	
																O		H	
B	A	R	R	Y		C	U	R	T	I	S					N	P	R	
A	L	A	R	R	Y		H	U	D	S	O	N				T	A	I	
R	M	A	R	Y		J	A	N	E		S	A	U	N	D	E	R	S	
C			Z														R		
R			K	E	I	T	H		R	I	C	H	A	R	D	S	I	A	
O				W	I	L	L	I	A	M		P	H	I	P	P	S	L	
F	R	A	N	K		M	A	T	T	S							H	C	
T																		A	
																		I	
						L	A	N	E		B	R	A	D	F	O	R	D	
									S	H	E	B		W	O	O	L	E	Y

THE ADVENTURES OF RIN TIN TIN #1

			J																
			A																
			N																
			A			P	A	U	L		S	O	R	E	N	S	E	N	
			R	O	B	E	R	T		E	A	S	T	O	N			B	
			V			R	I	N		T	I	N		T	I	N		I	I
			A	J	A	C	K		E	L	A	M						L	
			N	B	A	Y	N	E	S		B	A	R	R	O	N		L	
			B	O	B		O		N	E	I	L							
				J	O	H	N		D	I	E	R	K	E	S			H	
				J	O	E		T	U	R	K	E	L					A	
				B	I	L	L	Y		G	R	I	F	F	I	T	H	L	
	R	O	B	E	R	T		L	O	W	E	R	Y					E	
					D	O	Y	L	E		B	R	O	O	K	S			
			J	O	H	N		P	I	C	K	A	R	D					

THE ADVENTURES OF WILD BILL HICKOK #1

																			P
																			A
														W					R
					B	D								I					K
				F	O	A	L		S	A	M		F	L	I	N	T		E
				R	B	V	I							L					
				A	B	I	L	E	O	J				I					M
				N	Y	D	L	D	R	A	B	V		A					A
				K			I	M	L	C	R	E	L	M					C
					J	S	A	U	E	K	U	D	A						G
				J	O	H	N	N	Y		C	A	R	P	E	N	T	E	R
					R	A		D		R	E		R	U			O		E
				S	D	R	B		L	E		A	Y	L			M		G
				C	A	P	R	C	I	Y	E	N		L					O
				A	N	E	O	O	N	N	D	N	C	E			N		R
				N			N	B	D	O	W		H	N			E		
				N			S	B	G	L	A	B	A				A		
				E			O		R	D	R	O	N				L		
				L			N		E	S	D	R	C						
				L					N		S	G	E						

THE ALASKANS #1

S																			
	U																	D	
		S									L							W	
			A					C	H	A	N	A		E	D	E	N	I	
				N		A	N	D	R	E	A		K	I	N	G		G	
								R				P						H	
						M	Y				E							T	
							O	D	O	N		K	E	L	L	Y			
					C	B	E	R	N	A	R	D		F	E	I	N	M	
			R	H				Y	R			R						A	
			A							O		U						R	
		N	Y			E					W	S						F	
	C				D							T						I	
E			D	W				J	I	M	M	Y		C	A	R	T	E	R
		J	A	C	Q	U	E	L	I	N	E		B	E	E	R		L	
		R	N									L						D	
	D		T								F	A	Y		S	P	A	I	N
S			O						J	O	H	N		Q	U	A	L	E	N
			N				K	A	T	H	L	E	E	N		C	A	S	E

ALIAS SMITH AND JONES #1

																	D		
									T	E	X		L	A	M	B	E	R	T
																W	N		
														J		I	N	B	
														O	R	L	I	I	
											C			H	A	L	S	L	
											H	J		N	L	I		L	
										A	A		B		P	A	F	Y	
									R	M	R	I	F	R	H	M	I		
								R	E		L	L		U			M		
							Y	S		L	E			S	S	B	P		
										T	S			S	T	E	L		
					H	D		M	C					E	O	N	E		
				I	R		C	H			D			L	R	E			
			C	U		K	E				I			L	Y	D			
		K	R		I	R					E					I			
	O	Y		N							R					C			
X	J	O	N		S	H	A	N	K		K					T			
O	W	E	N		B	U	S	H		T	O	N	Y		D	A	N	T	E
	Y										P	E	T	E		D	U	E	L

THE AMERICANS #1

																			L
																			L
													F						O
												R							Y
						M	A	R	S	H	A		H	U	N	T			D
				S	T	E	P	H	E	N		J	O	Y	C	E			
								J	K	E	N		M	A	Y	E	R		B
V	I	R	G	I	N	I	A		G	R	E	G	G						O
						C	G		O										C
					K	E		B											H
					R	L	E	E		M	A	R	V	I	N				N
			L	S		R	O	B	E	R	T		C	A	R	L	Y	L	E
		O	T	S	T	R	O	T	H	E	R		M	A	R	T	I	N	R
	R	L																	
D	E		C	R	A	I	G		D	U	N	C	A	N					
M	A	U	R	I	C	E		M	A	N	S	O	N						
	L	A	R	R	Y		G	A	T	E	S								
P	A	U	L		L	A	M	B	E	R	T								

ANNIE OAKLEY #1

									J										
										O									
											H								
												N							
						W	I	L	L	I	A	M		P	H	I	P	P	S
														C					
	G														A				
	L	A	N	E		B	R	A	D	F	O	R	D	T	J	S	B		
	A	M	I	C	K	E	Y		S	I	M	P	S	O	N		O		
D	S	A	M		F	L	I	N	T				H	M	A		B	N	
U	E	D	G	A	R		D	E	A	R	I	N	G		N				
A		N												L	C		W		
N	L		V							D				O	Y		O		
E	O			E					O					N			O		
	H				R			U						D	H		D		
G	M						C							O	A		W		
R	A					E	P							N	L		A		
E	N				T			Y							E		R		
Y				T			W	A	L	T	E	R		R	E	E	D		
			E		H	E	L	E	N	E		M	A	R	S	H	A	L	L

BARBARY COAST #1

		P																	
		A		K															
		T		S	A	N	D	Y		K	E	N	Y	O	N				
			M	A	R	T	I	N		E		B	R	O	O	K	S		
		H					H	A	L		B	A	Y	L	O	R	R		
		I						L		S	I	M	M	Y		B	O	W	
		N			S	T			E	B				D		Z	B		
		G				C	E	J	E	E			A		I		E		
		L	E	O		G	O	R	D	O	N	N		T			R		
		E				H	N	T	R		N		T				T		
					N	A			T	Y		O	C						
					R									O			L		
			H	D				S		K	W	L			D		U		
		A					A		A			A	E			Y	S		
	R	F				N		Z					L	S			S		
T	O				D		A							K	T		I		
X				S		N									E	E	E		
		J	O	H	N	N	Y		S	E	V	E	N			R	R		

BAT MASTERSON #1

															J				
					A	L	L	I	S	O	N		H	A	Y	E	S		
				F	R	A	N	K		J		S	C	A	N	N	E	L	L
			J									K	H	P					
			A									K	A						
			C							L	A	U	R						
			K						A	S	L		L					A	
								M	E	A			E					U	
			R				B	Y			J		S			D	B	D	R
			E			E		R	P	A	U	L		F	I	E	R	R	O
			I		R	R	A		L		N		F			H	E	E	B
			T	T	O	Y		L			E		R			L	T	Y	E
			Z	G	M		E						E				T		R
			E	O		N					B		D			B		D	T
		R	N								L		E			E	K	A	
	S	D		J							A		R			R	I	L	S
			A								I		I			T	N	T	W
		F									R		C			I	G	O	A
	F								D	O	N		K	E	L	L	Y	N	N
E													S						

BEST OF THE WEST #1

				J	A	C	K		O		H	A	L	L	O	R	A	N	
				I	A	N		W	O	L	F	E							M
					L	M		J											E
							E	O											E
	E				R		B	S	U	S	A	N		R	U	T	T	A	N
	R	A			O		O	E											O
	I	N			S		N	P		C									
	K	D			E			H			A								P
		Y			N		A		D			L							E
	H						L	P		A			V						L
	O	G					A	A			V			E					U
	L	R					B	Z				I			R				C
	L	I					A						D			T			E
	A	F	C	H	R	I	S	T	O	P	H	E	R		L	L	O	Y	D
	N	F					T								K				
	D	I	C	K		D	U	R	O	C	K					N			
		T				F	R	A	N	K		D	E	N	T		E		
		H						R	I	C	H	A	R	D		M	O	L	L
																			L

THE BIG VALLEY #1

													V						D
						B	E	A	H		R	I	C	H	A	R	D	S	O
							S	A	N	D	R	A		S	M	I	T	H	U
										G									G
			L	E	E		K	R	I	E	G	E	R						L
		C	A	R	O	L	Y	N		C	O	N	W	E	L	L			A
							I		P										S
				J	E	A	N	N	E		C	O	O	P	E	R			
									T										K
				G	E	D	D	I	E		F	I	R	E	S	T	O	N	E
			R						R	O	Y	A	L		D	A	N	O	N
		E			P	H	I	L		C	H	A	M	B	E	R	S		N
	G					A	R	C	H		J	O	H	N	S	O	N		E
G									O										D
									B	I	L	L		Q	U	I	N	N	Y
	C	H	A	R	L	E	S		B	R	I	L	E	S					
							L	I	S	A		L	U						

BLACK SADDLE #1

							J	O	H	N		A	L	D	E	R	S	O	N
							O		J			N				O			
							H	R	O			N				B			
						W	N	I	H			E				E			
					G	I		C	N				C	C		R			
					E	L	M	H		P		B	H	H		T			
					N	L	A	A	A	H		A	U	A					
					E	I	R	R	N	I	R	R	C	R		F			
						A	L	D	D	L	O	T	K	L					
					N	M	E		E	I	B	O		E		S			
					E		Y	S	R	P	E	N	H	S		I			
					L	P		H	S		R		A			M			
					S	H		A	O	A	T		Y	H		O			
					O	I		N	N	B			W			N			
				R	N	P		N		B	B		A	G					
			V			P		O		O	L		R	R					
		A				S		N		T	A		D	A					
	T	O	M		S	M	I	T	H	T	K			Y					
H						V	I	C		P	E	R	R	I	N				

BONANZA #1

		J																	
		H	A	R	L	A	N		W	A	R	D	E						
K				M			T	E	D		G	E	H	R	I	N	G		A
E					E	S	T	U	A	R	T		N	I	S	B	E	T	R
L						S	B		H										T
L								O		E									H
Y					T			J	B		N								U
				A		L	A	N	E		B	R	A	D	F	O	R	D	R
T			Y			T				T	H		Y						
H		L				O					E	O							P
O	O					L						R	Y		W				E
R	O	B	E	R	T		B	R	U	B	A	K	E	R		I			T
D						A	L	O	U		F	R	I	Z	Z	E	L	L	E
S						V												L	R
E						E													S
N	V	I	C	T	O	R		S	E	N		Y	U	N	G				O
			C	L	A	Y		T	A	N	N	E	R						N

BOOMTOWN #1

		D	O	R	I	A	N		H	A	R	E	W	O	O	D			
S	I	L	A	S		W	E	I	R		M	I	T	C	H	E	L	L	
				V	M	A	T	T		C	R	A	V	E	N				
				K	I	M		M	U	R	P	H	Y						
					G	D	A	M	I	E	N		L	E	A	K	E		
					U														
					E			B										J	
					L				U									O	
										R	I	C	K		G	O	M	E	Z
					A						K								
						A	L	E	X		M	E	N	E	S	E	S	P	
A	N	T	H	O	N	Y		D	I	A	Z	-	P	E	R	E	Z	E	
					Ú													N	
					Ñ													N	
			F	R	E	D	R	I	C		L	E	H	N	E			Y	
					Z														
	N	E	I	L		P	A	T	R	I	C	K		H	A	R	R	I	S
					J	O	E		S	P	A	N	O						
			G	A	R	Y		B	A	S	A	R	A	B	A				

BOOTS AND SADDLES #1

															G				
			C												A				
		E	H		E	A	R	L		P	A	R	K	E	R	N			
		U	A		D	A	N		B	A	R	T	O	N	D	A			
	J	G	R		W						O				N	T			
J	O	E	L		A	S	H	L	E	Y	B	P			E	A			
O	E	N	E		R						E	A			R	L			
E	L	I	S		D						R	T				I			
		A						J			T	R			M	E			
C	M		S		C				O			I			C				
O	A	P	T		O					H	A	C			K	N			
N	R	A	E		L						N	K			A	O			
L	S	U	V		M						D				Y	R			
E	T	L	E		A						E	M	P			W			
Y	O		N		N						R	C		I		I			
	N		S		S						S	V			C	C			
P	E	T	E	R		B	R	O	C	C	O	E				K			
											N	Y					A		
						J	O	H	N	N	Y		W	E	S	T	E	R	N
																			D

BORDERTOWN #1

						D			B		M			S		N		J	
					P	A	T	R	I	C	E		V	A	L	O	T	A	
					E	V	O	O	L	H	G			R	O	R	I	M	
					T	I	M	D	L	A	A			A	N	M	M	E	
					E	D				R	N			H		A		S	
					R		M	M	C	L					K	N	A		
						L	C	E	R	E	L			S	A		N	C	
					B	O	B	N	O	S	E			A	T	B	D	R	
					L	N	E	Z	F		I			W	Z	R	R	E	
					A	G	A	I	T	K	T			A	M	O	E	S	
					C	W	T	E			C			T	A	W	S	C	
					K	O	H	S	W	P	H			S	N	N		E	
					W	R				I				K		I		N	
					O	T				T	L			Y		N		Z	
					O	H				T		F				G		O	
					D					S									
														R					
															O				
																W			
								A	L	L	A	N		L	Y	S	E	L	L

BRANDED #1

																T			S
	T	E	D		J	O	R	D	A	N						O			Y
		J	I	M		D	A	V	I	S						M			D
			C																N
			K													D			E
								H	A	R	R	Y		H	A	R	V	E	Y
			C		B	R	U	N	O		V	E	S	O	T	A			
			A	M	I	C	H	A	E	L		P	A	T	E	K			S
	J	O	N		L	O	R	M	E	R						E			M
			G		L														I
			E	J		P	A	T		O		M	A	L	L	E	Y		T
			Y	C	H	A	R	L	E	S		H	O	R	V	A	T	H	H
					A	L	E	X		S	H	A	R	P					
		C	H	A	R	L	E	S		M	A	X	W	E	L	L			
		M	O	N	T	I	E		P	L	Y	L	E	R					

BRAVE EAGLE #1

																	W		
																	I		
																C	L		
																Y	L		
		B													G	N	I		
	B	E	U	L	A	H		A	R	C	H	U	L	E	T	T	A		
	E	R	A	N	N		S	T	A	U	N	T	O	N	E	H	M		
	N	T	L							P		R			R	I			
			A							I	G		J		R	A	H		
	F	W	N							E			O	D	Y		E		
	R	H								R	S	P	E			C	N		
	O	E	W					E	O	R	U	A	L		F	H	R		
	M	E	E				L	S		E	N	T			R	E	Y		
	M	L	L			D	A						A		O	N			
	E	E	L		R				C	W	B	O	S		S	A			
	R	R	S	E	R			R		A	E		H		T	U			
			D	E			O			T	A	H	L			L			
		G	Y			M				K	R	A	E			T			
	E				E					I		R	Y						
				R						N		A							

BRET MAVERICK #1

		D				J	A	M	E	S	O	N		P	A	R	K	E	R
		U	G	É	R	A	R	D		R	I	N	A	L	D	I		P	
		A				C											R		
		N				K		J	O	H	N		M	C	L	I	A	M	
		E	T	E	D		S	T	I	D	D	E	R		S		D		
			B			G								C			O		
		R	I	C	H	A	R	D		H	A	M	I	L	T	O	N		
			L			R			A			L							
		C	L			N		B		R	L						M		
		A	Y			E			I	A	L						A		
		M				R		C		L		E					C		
		P	K					M			L		E				K		
		B	E			R	O							N			A		
		E	R		E	R							C				Y		
		L	R	I	R									R		C			
		L	D	I											O		A		
	B	I	L	L		M	C	K	I	N	N	E	Y			S		R	
		L		C	H	E	S	T	E	R		G	R	I	M	E	S		R

BROKEN ARROW #1

			K	E	N	N	E	T	H		M	A	C	D	O	N	A	L	D
			C	H	R	I	S	T	O	P	H	E	R		D	A	R	K	
				A						M									
				R											F				S
				R								F		R					U
				Y									A			K			E
												N	P	D	E				
				H							C	E		N	D				E
				A						I	T				J	E			N
				R					S	E		C		E			N		G
				V					R		H	R	A	Y		T	E	A	L
				E			M			R		N							A
				Y		C	H	R	I	S		A	L	C	A	I	D	E	N
					D	A		S		H									D
				O	N		T	J	O	H	N		L	U	P	T	O	N	
			N	S		Y		W											
		A	E			L	E	O	N	A	R	D		N	I	M	O	Y	
	L	N	P	A	U	L		P	I	C	E	R	N	I					
D		P	A	U	L		L	A	N	G	T	O	N						

BRONCO #1

				K															
		J	E	A	N	N	E		C	O	O	P	E	R					
			F	R	A	N	K		A	L	B	E	R	T	S	O	N		
				L	G														
			M		E										R				
		R	Y	S	O										I		C		
		O	R	W	R	A	Y		D	A	N	T	O	N	C		H		
		B	O	E	G										H	H	A		
	K	E	N	N	E	T	H		M	A	C	D	O	N	A	L	D		
		R		S		O	Y							R	R				
		T	H	O	O	L							R		D		E		
			E	N					H			Y					V		
		W	A		H	A				A					G		E		
		A	L		A	V				H	R				A		R		
		R	E		N	E			A			D			R		E		
		W	Y		L	R		R					I		L		T		
		I			O	Y	V							N	A		T		
		C			N	E	M	O	R	R	I	S		A	N	K	R	U	M
		K	C	L	Y	D	E		H	O	W	D	Y		D				

BUCKSKIN #1

						S	C	O	T	T	Y		M	O	R	R	O	W	
			M				A									T			
			I	M		L	I	L	L	I	A	N		P	O	W	E	L	L
			C	A			I		L				M	M					
			H	R		S				Y		R							
			A	Y	A							P							
		P	E							F	I	B							
		A	L	B					E	T		J	R		J				
		U		E				E	T			E	D	O	N		H	I	X
		L	L	T			N	M				N	A		P				
			I	H		E	A					N				H			
		L	P		Y	N					N	I	E				Y		
		U	T	H						E		F		W					
		K	O	U								E			C				
		A	N	G				D				R				O			
		T		H			A										M		
		H		E		V						W						B	
		E		S	I		M	I	C	H	A	E	L		H	I	N	N	
		R		S								S							
							R	O	B	E	R	T		F	U	L	L	E	R

BUFFALO BILL JR #1

									B										
			G					B	I	L	L	Y		M	I	L	L	E	R
			A		C	H	A	R	L	E	S		H	A	Y	E	S		
			Y						L										
			N		F	R	E	D		L	I	B	B	Y					
	G		E						B										
	L							M	A	R	I	A		M	O	N	A	Y	
	E		W						U									H	
	N		H	A	R	R	Y		C	H	E	S	H	I	R	E		E	
	N		I					R	O	D	D		R	E	D	W	I	N	G
			T						M									R	
	S		M															Y	
	T		A	R	T	I	E		O	R	T	E	G	O					
F	R	A	N	K	I	E		M	A	R	V	I	N					R	
	A				S	T	E	V	E		P	E	N	D	L	E	T	O	N
	N																	W	
	G																	L	
K	E	N	N	E		D	U	N	C	A	N							A	
			R	I	C	H	A	R	D		H		C	U	T	T	I	N	G
																		D	

THE CALIFORNIANS #1

	J	A	M	E	S		T		C	A	L	L	A	H	A	N			
	C	A	R	O	L	Y	N		C	R	A	I	G						
		D	M														C		
			O	E													H		
			J	U	S											E	A		
P	J	P	P	E	G		H	I	L	L	I	A	S		R		R		
	A		A		A	L	W							B	O		L		
	C	U	U	R		N	A	E			R		E		Y		E		
	K	A	L		L			S	S	U		R					S		
		N				E		A	S	T	T				E				
	L	N	K		L		Y	S	L		E				N		E		
	A		E			A			R	L	D	R			G		V		
	M	D	A			B	M	U	B		I	U	F		E		A		
	B	A	S		E		D	B		A		S	M	I	L		N		
	E	N	T	N		L			E		E		O	B	E		S		
	R	I	D		E					R		R		N	R	L			
	T	E		Y							T					I	D		
	R	L															L		
		S																L	
																			E

CASEY JONES #1

			W	I	L	L	I	A	M		H	E	N	R	Y				
			I	I															
			L		L	Y	N	N		S	H	U	B	E	R	T			
			L			L	E	O		G	O	R	D	O	N				
			A			J	I	M		B	A	N	N	O	N				
			R					A	D	E	L	E		M	A	R	A		
			D		D	K	K		M									S	
					H	E	L	E	N		W	E	S	T	C	O	T	T	
			W		A	N	N		N		B					A	E		
			A		R	N		V				R			C		D		
			T		R	E			E		M		Y	Y		A			
			E		Y	T				R		A		A	N		D		
			R			H						H	Y		N		E		
			M		S						A	P	W	E		T			
			A		H	B				R		H	Y		R		C		
			N		A	E			R		I			L			O		
					N	C		I		T					E		R		
					N	K	S		E								S		
					O	E											I		
					N	R											A		

CENTENNIAL #1

			H	E	R	M	A	N		B	O	C	K	W	E	I	S	S	
		M	I	C	H	A	E	L		A	N	S	A	R	A				
						J			J	R	W	C							
						O		I	A	I	I	L							
						R	M		L	C	L	I							
			T						E	H	L	F							S
			I		L	M			X	A	I	F		P					H
			M	L	B	A	R	B	A	R	A		C	A	R	R	E	R	A
			O			X	O		N	D	M	D	L	S					R
		Y	T			W	B		D			E	A	Q					O
	D		H			E	E		E	C	A		Y	U					N
			Y			L	R		R	R	T	Y		I					
						L	T			E	H	O	B	N					G
			D						M	N	E	U	A	E					L
			A			M	C		C	N	R	N	S	L					E
			L			E	O		K	A	T	G	K						S
			T			R	N		E		O		E						S
			O			C	R		A		N		T						
			N			Y	A		G										
				C	H	A	D		E	V	E	R	E	T	T				

CHEYENNE #1

			A	P	A	C	H	E		I	N	D	I	A	N				
			R	E	S	E	R	V	A	T	I	O	N					A	
			I														P		
			Z													A			C
			O												C				O
			N											H					M
			A										E						A
							P		C					C					N
			T				M	O	U	N	T	A	I	N	S				C
			E				W		S	E		V							H
			R			B			R	T	I								E
			R		O			R		L									
			I	Y			I					A							I
			T			T		W			P		M	E	X	I	C	A	N
			O		O		A			A		E		E					D
			R	R		R			C		X				R				I
			Y					H		I						I			A
							E		C	H	I	E	F				C		N
							C	O	M	A	N	C	H	E	R	O		A	
																			N

THE CHISHOLMS #1

				H	A	R	R	Y		M	I	C	H	A	E	L	S		
					B	E	T	T	Y		B	L	A	N	C	O		R	
				V	I	C	T	O	R	I	A		R	A	C	I	M	O	
							R		R				R					N	
							O		U	J		D	Y	R				A	
							B		B	A	E	E		O				L	
							E	J	E	C	D	A	G	G				D	
						F	R	A	N	K		N	O	E	L				
							T				B		V	R				G	
								P	M	C	R	H	E						
							B	R	O	A	U	I	R	F				J	
							A	E	R	S	C	L	N	R				O	
							R	S	E	P	E	L	I	A				S	
							T	T	N	E			C	Z				E	
							O	O	O	R			K	I				P	
							N	N		S				E				H	
		T	O	M		T	A	Y	L	O	R			R					
					A	N	T	H	O	N	Y		Z	E	R	B	E		

CIMARRON CITY #1

		F																	
		R																	
		A											W						
		N										A							
		K									L								
										L									
		G							Y										
		E											L					J	
		R					B					I						O	
		S	T	U	A	R	T		R	A	N	D	A	L	L			H	
		T			O		F	R	E	D		S	H	E	R	M	A	N	
		L		W			B	R	A	D		D	E	X	T	E	R		
		E	N	G	A	R	Y		C	R	U	T	C	H	E	R		B	
							D	A	N		D	U	R	Y	E	A		A	
					S	A	N	D	Y		S	A	N	D	E	R	S	N	
			T	E	R	R	Y		B	U	R	N	H	A	M			N	
	D	E	A	N		S	T	O	C	K	W	E	L	L				E	
		B	E	R	N		H	O	F	F	M	A	N					R	
		L	E	E		R	O	B	E	R	T	S							
	L	E	W	I	S		M	A	R	T	I	N							

CIMARRON STRIP #1

		B	O	B		F	O	L	K	E	R	S	O	N					
	B	E	A	U		B	R	I	D	G	E	S							
					J	I	M		D	A	V	I	S		R				
							F		G	E	N	E		E	V	A	N	S	
					D	L							X						
				M	A	R	I	E	T	T	E		H	A	R	T	L	E	Y
				N	V						H								
			D		I					O									
		E			D		J	I	L	L		T	O	W	N	S	E	N	D
	R					T	O	M		M	C	D	O	N	O	U	G	H	
S					C	J	A	M	E	S		A	L	M	A	N	Z	A	R
					A	N													
			H	E	N	R	Y		W	I	L	C	O	X	O	N			
	M	I	C	H	A	E	L		J		P	O	L	L	A	R	D		
			P	E	R	C	Y		H	E	R	B	E	R	T				
	H	A	R	R	Y		D	E	A	N		S	T	A	N	T	O	N	

COWBOY GMEN #1

						R	O	B	E	R	T		L	O	W	E	R	Y	
											R	W							
											I	E				A			
										L	S	S				R			
										E	T					I			H
										E	R	H	A	R	I	Z	O	N	A
											A	U				O			R
										R	M	D	H	J		N			R
									R	O		M	E	O		A			Y
								Y		B	C	A	L	H					
									U	E	O	N	E	N		T			H
						L		S		R	F		N			E			I
					A		H			T	F			E		R			C
				U		W				S	I		P	L		R			K
			T		H						N		A	D		I			O
		E	M	A	E		C	L	A	R	K	E	R	R		T			X
	R		C	A	S	E	Y		M	A	C	G	R	E	G	O	R		
		K											I	D		R			
T	E	R	R	I	T	O	R	Y					S	G		Y			
R	E	E	D		H	O	W	E	S				H	E					

THE COWBOYS #1

					W														
M	O	N	I	C	A		G	A	Y	L	E			I			R	M	
					L				P	I	P	P	A		S	C	O	T	T
			J		T							N		T		S	B	J	
				E	E								A		E		E	A	
					R					W		F		S		N	R	C	
						R			O		F				N		T	K	
		F			B		Y	L		O		G		I			O		
		E			R		F		R		U		F					P	
		L			O	E		D	W	N		E					C	E	
		I			O				N	I	R						O	R	
		P			K	R					L						N	K	
		E			E				L			L					T	I	
				P				E					S				R	N	
		T	P				S	E	A	N		K	E	L	L	Y	E	S	
		U				K											R		
	G	R	E	G	O	R	Y		W	A	L	C	O	T	T		A		
	J	I	M		D	A	V	I	S								S		
		C																	
J	O	H	N		H	A	R	M	O	N									

CUSTER #1

																		K	W
																		A	I
																		T	L
		Y	V	O	N	N	E		D	E		C	A	R	L	O		H	L
		B	U	R	R		D	E	B	E	N	N	I	N	G			L	I
							W			L			P					E	A
							A			L			A	B			W	E	M
							R	A		O			T	A	P		I	N	
							D	L		Y	J	H	R	R	H		L		W
						J		B		D	A	I	I	B	I		L	N	I
					J	A	M	E	S		M	C	C	A	L	L	I	O	N
						M	U	R		B	E	K	I	R	I		A	L	D
						E	L	T		O	S		A	A	P		M	A	O
						S	H			C		H						N	M
							A	S		H	C	I	H	H	C		S		
						D	R	A		N	R	L	A	A	A		M		
						A	E	L		E	A	L	R	L	R		I		
						L		M		R	I		T	E	E		T		
						Y		I			G		Y		Y		H		

DANIEL BOONE #1

																H			
																A			
T	H	O	M	A	S		W		B	L	A	C	K	B	U	R	N		
																R			
D	O	N		I	N	G	A	L	L	S						Y			
O																			
N	P				R	O	B	E	R	T		D		W	E	B	B		
	A	L	E	X		N	I	C	O	L						A			
B	U	T	R	U	M	A	N		C	L	A	Y				S			
A	L		H	J												C			
L			M	A	U	R	I	C	E		G	E	R	A	G	H	T	Y	
L	L			C	N														
U	A			K															
C	N						J	E	A	N		B	R	I	G	H	T		
K	D			G	S	A	M	U	E	L		R	O	E	C	A			
	R			U	R	O	B	E	R	T		T	O	T	T	E	N		
	E			S				F	R	A	N	K		L		M	O	S	S
	S			S							N								

DEAD MANS GUN #1

	J	O	H	N	B	E	A	R	C	U	R	T	I	S					
	I	B					A	D	R	I	E	N		D	O	R	V	A	L
	M	A	R	Y		B	L	A	C	K					O				
		R	L											B				R	J
	S	T	K	E	N		T	R	E	M	B	L	E	T	T		O	O	P
	H				X				D			R		O		B	H	N	A
	I	A								E	T		M		E	N		N	B
	E	N					B				A			R				I	L
	L	D						R	T		B	N	T	R			L	E	O
	D	E						H	U	U						L			
		R					U		T	H	W	T		W				W	C
		S				R		L		I	A			C	R			A	O
		O			S		E		S	Y		N	R			A		Y	F
		N		T		R		D	L			O	S				Y		F
			O				E	O			F			K					E
		N				N	R			T					I				Y

DEAD MANS WALK #1

		M	A	G	G	I	E		T	I	L	T	O	N	L				
		A	U	G	U	S	T	U	S		M	C	C	R	A	E			
		J											A		D				
	L	O	N	G		B	I	L	L				P		Y				
		R											T						
	B					K				M		M	A		L				
	I	L	L	E	G	I	T	I	M	A	T	E	I		U				
	G	A				C	E		R	T		X	N		C				
	F	R				K	X		S	I		I			I				
	O	O				I	A			L		C	S		N				
	O	C				N	S		C	D		A	A		D				
	T	H				G			H	A		N	L		A				
		E					R		U				A						
	W	I	L	L	Y	W	A		B	R		A	Z		C				
	A					O	N		B	O		R	A		A				
	L					L	G			B		M	R		R				
	L					F	E			E		Y			E				
	A						R			R					Y				
	C									T									
	E									S	H	A	D	R	A	C	H		

DEADWOOD #1

																			Z
	S																		A
	T																M		C
	E							B									I		H
	P	R	O				R										C		
	H	A	J	M	L	I											H		G
	E	Y	I	S	A	R	A	H		P	A	U	L	S	O	N	A		R
	N		M	N	R	R											E	A	E
		M			R												L	L	N
	T	C	B		Y			G				K				P		I	I
	O	K	E						O		E				H		H	C	E
X	B	I	A		C					O							A	E	R
	O	N	V		E				N		D		R				R		
	L	N	E		D			E				I					N	K	
	O	O	R		A						C		N				E	R	
	W	N			R	Y				H				G			Y	I	
	S				O	P	E	T	E	R		J	A	S	O	N		G	
	K			U				S										E	
	Y		N	T	I	M	O	T	H	Y		O	L	Y	P	H	A	N	T
		G	J	E	N	N	I	F	E	R		L	U	T	H	E	R	A	N

DEATH VALLEY DAYS #1

W																			
R	I	C	H	A	R	D		W	H	O	R	F							
A		L	A	W	R	E	N	C	E		D	O	B	K	I	N			
L	B		L							A									
P	U			I		J	E	A	N		Y	A	R	B	R	O	U	G	H
H	D				A			I											A
						M	E											E	L
L	T					L											B	D	
E	O					S	I	D	N	E	Y		S	A	L	K	O	W	C
V	W			D				E									R	A	O
Y	N		A					N		F							I	R	O
	S	R						V			A						S	D	P
	E							E				R							E
	N							R					A				S	L	R
	D			J	A	C	K		S	H	E	A		L			A	U	
								P							L		G	D	
								Y								A	A	L	
	L	E	E		S	H	O	L	E	M							L	U	
						S	T	E	P	H	E	N		L	O	R	D	M	

DESTRY #1

			S																
			U																
			S																
	F	R	A	N	K		A	L	B	E	R	T	S	O	N				
			N																
	B	R	O	D	E	R	I	C	K		C	R	A	W	F	O	R	D	
			L					J	O	H	N		G	A	V	I	N		
			I					F	E	S	S		P	A	R	K	E	R	
			V		B	O	Y	D		R	E	D		M	O	R	G	A	N
			E	L	I	S	H	A		C	O	O	K		J	R			
			R			S	H	A	R	Y		M	A	R	S	H	A	L	L
			T	A	M	M	Y		G	R	I	M	E	S					
										P	A	U	L		B	I	R	C	H
					T	O	R	I	N		T	H	A	T	C	H	E	R	
							J	O	H	N		A		A	L	O	N	Z	O
																	W		
				C	H	A	R	L	E	S		M	A	C	A	U	L	A	Y
					L	A	W	R	E	N	C	E		D	O	B	K	I	N

DICK POWELLS ZANE GREY THEATRE #1

																	D		
																	E		
																	N		
																	V		
																	E		
R	I	C	H	A	R	D		S	H	A	N	N	O	N			R		
J	O	H	N		D	E	H	N	E	R									
O		R	A														P		
H		I		R	A	Y	M	O	N	D		B	A	I	L	E	Y		
N		S	G	A	R	Y		M	E	R	R	I	L	L			L		
						Y											E		B
P		A	J	O	H	N		F	A	L	V	O							I
I		L				W	I	L	L	I	A	M		H	E	N	R	Y	L
C		C						M	A	R	S	H	A		H	U	N	T	L
K		A								U									
A		I						W	A	L	T	E	R		S	A	N	D	E
R		D		D	A	B	B	S		G	R	E	E	R					R
D		E	B	E	V	E	R	L	Y		G	A	R	L	A	N	D		W
																			I
																			N

DIRTY SALLY #1

				G															
			B	E	R	N	A	R	D		F	O	X		W				
			B	N		O								O					
			E	E			G						O						
			U					E				D					M		
S			L	E			J		R		Y	M				A		J	
A			A	V				A			I				R		O	U	
R			H	A					C	C	B			K		H		L	
A				N				H	H	K	J	O			N			I	
H			B	S			A	E	A	A	I	E	W			S		E	
			O			M	L		C	R	D	E	J	E	C				
K			N		B	E		K		W	O			O	N			C	
E			D	L					A		F	L	T	C				O	
N		R	I	C		C	A	R	R	O	T	T	D		O			B	
N		S	A		O		D		X							O		B	
E	S	R		L						B					G		G		
D	E		L		H				R							O		A	
Y		I		A				A									U		N
	N		L				D											L	
S		L				Y													D

DR QUINN MEDICINE WOMAN #1

												E							
						G	E	O	F	F	R	E	Y		L	O	W	E	R
F	R	A	N	K		C	O	L	L	I	S	O	N		J				
									K					E					
								A					S						
												U							
						F	J	A	M	E	S		S	T	U	A	R	T	
					L	A	R	R	Y		S	E	L	L	E	R	S		
				O	D	A	V	I	D		B	A	N	U	E	L	O	S	
			R		J	A	N	E		S	E	Y	M	O	U	R			
		E					S	H	A	W	N		T	O	O	V	E	Y	
	S			C	H	A	D		A	L	L	E	N						
A	L	E	X	A	N	D	R	I	A		C	A	L	A	B	R	E	S	E
				T															
	E	L	I	N	O	R		D	O	N	A	H	U	E					
	J	A	S	O	N		L	E	L	A	N	D		A	D	A	M	S	
	G	A	I	L		S	T	R	I	C	K	L	A	N	D				
O	R	S	O	N		B	E	A	N										

DUNDEE AND THE CULHANE #1

	C	H	A	R	L	E	S		B	R	O	N	S	O	N				
D	A	N	A		W	Y	N	T	E	R									
	R	A	L	P	H		M	E	E	K	E	R							
L	R																		
D	O	N	N	E	L	L	Y		R	H	O	D	E	S					
U	L	N																	
B	L	I	N	G	R	I	D		P	I	T	T							
				Y															
T	O	S	A	M		M	E	L	V	I	L	L	E						
A	C			M	I	C	H	A	E	L		B	U	R	N	S			
Y	O				J	O	H	N		M	C	I	N	T	I	R	E		
L	N				S	T	U	A	R	T		R	A	N	D	A	L	L	
O	N								P										
R	O			W	I	L	L	I	A	M		C	A	M	P	B	E	L	L
	R					T	I	G	E		A	N	D	R	E	W	S		
					S	T	U	A	R	T		N	I	S	B	E	T		

DUSTY S TRAIL #1

		I	V	O	R		F	R	A	N	C	I	S		C				
		R	U	D	Y		D	I	A	Z					H				
	B	O	B		D	E	N	V	E	R				R	A		W		
	I	N	I		W	I	L	L	I	A	M		C	O	R	T	I		
	L		L							Y	A		E	B	L		L		
	L	E	L							F	T		S	E	E		L		
	Y	Y	Y							O	T		A	R	S		I		
		E								R	H		R	T			A		
	B	S	B							D	E		E		D		M		
	L		A								W			P	I				
	A	C	R							B			D	R	E		S		
	C	O	T							A	K		A	O	R		T		
	K	D	Y							R	N		N	H	K		E		
	M	Y								N	O		O	A	O		V		
J	O	E	Y		S	I	N	D	A	E	X		V	S	P		E		
	L									S			A	K			N		
	E						D	A	V	I	D		P	A	R	I	S	H	

EMPIRE #1

		B																	J
	W	A	R	R	E	N		V	A	N	D	E	R	S					I
		R	O	B	E	R	T		A	N	D	E	R	S	O	N			M
		R	H	A	R	O	L	D		G	O	U	L	D					
		Y	W	A	L	T	E	R		B	R	O	O	K	E	A		W	B
				F	R	A	N	K		G	O	R	S	H	I	N		I	O
		A				V		S	U	Z	I		C	A	R	N	E	L	L
		T					E	D		B	E	G	L	E	Y	E		L	E
		W						Y										A	S
		A			B	I	L	L		W	A	L	K	E	R	S		R	
		T								K						E		D	
	D	E	X	T	E	R		D	U	P	O	N	T			Y			
		R		R	O	Y		B	A	R	C	R	O	F	T	M		S	
													M			O		A	
														A		U		G	
															N	R		E	

F TROOP #1

							L	O	U		W	I	L	L	S		J	R	
										D		J	L			A		L	
											O	E	E		C		W	A	
										E	S	N	E	K	T		I	R	
														O			L	R	
		T						B	B			D	M	B			L	Y	J
		O					R	R			E		E	E	E		A		A
		N				O	O				W		R	N		D	R	S	C
		Y			O	W			M	I			I	N			D	T	K
				K	N			A	L				W	Y				O	I
		M	S				V	L					E				W	R	E
		A	J			E	I						T	B			A	C	
		R				A							H	A			T	H	J
		T	J	A	M	I	E		F	A	R	R	E	K			E		O
		I		S									R	E			R		S
		N			J	I	M	M	I	E		H	O	R	A	N	M		E
	M	E	L	O	D	Y		P	A	T	T	E	R	S	O	N	A		P
		Z															N		H

FRONTIER #1

L																			
A																			
N				K	A	T	H	R	Y	N		W	I	L	D	E	R		
D	J	E	A	N		M	I	C	H	E	L		L	E		G	A	L	
O							K	A	T	I	E		M	C	G	R	A	T	H
N						G	A	R	Y		L	E	W	I	S				
	M	I	C	H	A	E	L		P	A	T	R	I	C					
L	T	A	N	T	O	O		C	A	R	D	I	N	A	L			J	
I					W	I	L	L	I	A	M		B	E	L	L	E	A	U
B								U										M	
O			C	H	R	I	S		E	U	S	T	A	C	E			I	
I		Z	A	H	N		M	C	C	L	A	R	N	O	N			E	
R	E	M	Y		G	I	R	A	R	D									
O	C	H	A	R	L	I	E		T	O	M	L	I	N	S	O	N	S	
N			O															I	
		S	H	A	W	N		D	O	Y	L	E						V	
	S																	E	
E																		S	

FATHER MURPHY #1

		R	I	C	H	A	R	D		B	E	R	G	M	A	N		F	
								O										R	
					G	L	E	N	D	A		Y	O	U	N	G		A	
			J	O	E		M	A	S	S	E	N	G	A	L	E	W	N	
					M	E	R	L	I	N		O	L	S	E	N	A	K	
								D									R		
		C	L	E	T	U	S		Y	O	U	N	G				R	S	
						J	A	C	K		L	I	L	L	E	Y	E	P	
							T	R	O	Y		M	E	L	T	O	N	R	
					L	I	S	A		T	R	U	S	E	L			A	
		H	E	R	B		M	I	T	C	H	E	L	L			M	G	
								G									U	U	
							C	H	A	R	L	E	S		T	Y	N	E	R
		F	R	A	N	C	E	S	C	A		J	A	R	V	I	S		
						E	L	I	Z	A	B	E	T	H		H	O	Y	
																	N		

FOUR FEATHER FALLS #1

M	I	C	H	A	E	L		H	O	L	L	I	D	A	Y				
		B																	
		A	L	A	N		P	A	T	T	I	L	L	O					
		R																	
		R																	
		Y	G																
			E	D	A	V	I	D		E	L	L	I	O	T	T			
		G	R	A	N	D	P	A		E	B	E	N	E	Z	E	R		
		R	R	V			F	A	T	H	E	R		M	U	R	P	H	Y
		A	Y	I			A	R	T	H	U	R		P	R	O	V	I	S
		Y		D	U	S	T	Y		T	H	E		D	O	G			
			A				H												
			N	G		D	E	N	I	S	E		B	R	Y	E	R		
			D	R	M	A	R	T	H	A		M	A		J	O	N	E	S
			E	A	U														
			R	H	R														
			S	A	P	H	I	L	I	P		W	R	E	S	T	L	E	R
			O	M	H														
			N		Y														

www.ingramcontent.com/pod-product-compliance
Lightning Source LLC
Chambersburg PA
CBHW080504220526
45465CB00006B/2368
9798594869691